노사가 함께 보는 중대재해처벌법

들어가는 말

중대재해 처벌 등에 관한 법률(중대재해처벌법)은 기본적으로 처벌을 위한 법이다. 제1조에서 확인할 수 있듯이 이 법은 사업주, 경영책임자, 공무원 및 법인이 사업 또는 사업장, 공중이용시설 및 공중교통수단을 운영하거나 인체에 해로운 원료 혹은 제조물을 취급하면서 자신의 의무를 다하지 않아 인명 피해를 입힌 경우를 처벌하기 위해 만들어졌다. 그러나 이 법은 단순히 처벌을 위한 법적 도구가 아니다. 이 법은 그 이면에 또 다른 중요한 목적을 담고 있다.

중대재해처벌법은 다시는 산업재해, 삼풍백화점 사건, 세월호 사건, 가습기살균제 사건 등과 같은 아픔의 역사를 되풀이하지 말자는 우리 사회의 다짐이다. 누구나 시민·노동자의 생명·건강을 지키기 위해 자신의 책임과 의무를 다하라는 우리 사회의 경종이다.

많은 기업이 중대재해처벌법을 단순히 처벌을 위한 법적 도구로만 받아들이는 듯하다. 이 법이 제정된 직후부터 많은 기업은 중대재해가 발생한 후의 처벌을 최소화하기 위한 법적 근거 마련에만 집중하고 있다. 중대재해 예방을 위해 안전보건관리 시스템 구축에 힘을 기울이는 기업은 많지 않다. 이에 이 법 제정 이후에 출간된 많은 해설서가 아쉽게도 처벌을 중심으로 한 법 해설에 집중하고 있고 정작 중대재해 예방을 위해 누가, 무엇을, 어떻게 할 것인지는 제대로 다루고 있지 않다.

이 책은 중대산업재해 예방을 위해 구체적으로 누가, 무엇을, 어떻게 할 것인가에 집중해 집필됐다. 이 책의 목적상 부득이 중대시민재해는 다루지 못했다. 또 중대재해처벌법의 법 해석 및 적용 등과 관련한 법 해설은 안전보건관리 실무에서 필수적인 수준에서만 다루었다. 사실 안전보건관리 실무에서는 중대재해가 발생한 후에 처벌이 어떤 법리에 의해 어떤 과정을 거쳐 이뤄지는지 등을 아는 것보다 중대재해 자체를 발생시키지 않기 위해 누가, 무엇을, 어떻게 할 것인가를 아는 것이 더 중요하다.

중대재해처벌법도 중대재해 예방을 위한 안전보건조치들을 열거·제시하고 있으나 그 내용만으로는 기업들이 중대재해 예방을 위해 실제로 누가, 무엇을, 어떻게 해야 할지를 구체적으로 알 수 없다. 따라서 이 책에서는 이 법에서 열거하고 제시하고 있는 안전보건조치의 내용에 맞추어 기업이 중대재해 예방을 위해 활용하고 적용할 수 있는 구체적 방법들을 사례·예시 등을 통해 알기 쉽게 설명했다.

특히 내년부터는 50명 미만 기업에서도 중대재해처벌법이 시행되는데, 50명 미만 기업은 안전보건관리 실무 인력이 없거나 부족한 경우가 많다. 따라서 이 책 필진은 전문가가 아닌 경영자, 실무자, 현장 노동자 누구든지 쉽게 읽고 이해할 수 있도록 집필하는 데 힘을 기울였다.

한편 이 책의 제목과 같이 중대재해 예방은 노사가 함께 해야만 가능한 일이다. 중대재해는 경영자들만으로도, 관리자들만으로도, 현장 노동자들만으로도 예방할 수 없다. 경영자, 관리자, 현장 노동자가 모두 함께해야 예방할 수 있다. 이에 이 책은 경영자, 관리자, 현장 노동자가 각자 자신의 자리에서 무엇을 어떻게 할 것인지를 구체적으로 제시하고 있다.

이 책의 출간을 위해 오랜 기간 산재 예방 실무, 법·제도 및 정책 개선 과정에 참여해 온 세 명의 전문가가 힘을 모았다. 세 명의 필자는 다양한 현장, 다양한 사건 등을 통해 전문성과 경험을 쌓아 온 현장 전문가들이다. 아무쪼록 이 책이 각 기업 현장에서 널리 활용돼 노동자들의 생명과 건강을 보호하는 데 일조하기를 바란다.

마지막으로 이 책의 출간을 위해 함께 힘써 준 매일노동뉴스 임직원께 감사드린다.

필자 일동 올림

I. 중대재해처벌법 제정의 의의

1. 산재 발생 실태와 특성 11
2. 법 제정의 배경 및 의의 14

II. 중대재해처벌법의 주요 내용

1. 목적 23
2. 적용 범위 24
3. 중대재해의 정의 26
4. 보호 대상 31
5. 의무 주체 33
6. 의무의 범위 36
7. 처벌조항에 관한 이해 41
8. 안전보건교육 수강의무 50
9. 형 확정 사실의 통보와 공표 51
10. 징벌적 손해배상 52

III. 사업주와 경영책임자등의 의무 이행 방안

1. 안전 및 보건 확보의무란 무엇인가 57
2. 안전보건관리체계란 무엇인가 59
3. 안전보건에 관한 목표와 경영방침을 어떻게 설정할 것인가 69

4. 총괄관리 전담 조직을 어떻게 구성하고 운영할 것인가 74
5. 유해·위험요인을 어떻게 확인하고 개선·점검할 것인가 80
6. 어떻게 예산을 편성하고 집행할 것인가 94
7. 안전보건책임자 등의 충실한 업무 수행을 위해 무엇을 할 것인가 102
8. 안전보건 전문 인력을 어떻게 배치할 것인가 106
9. 종사자 의견청취와 이를 반영한 조치를 어떻게 실행할 것인가 114
10. 어떻게 매뉴얼을 마련하고 점검할 것인가 120
11. 제3자에게 도급·용역·위탁 등을 하는 경우에 무엇을 할 것인가 127

Ⅳ. 재발방지 대책 수립 및 이행과 개선·시정 명령 이행 방안

1. 재발방지 대책을 어떻게 수립하고 어떤 조치를 취할 것인가 139
2. 개선·시정 명령을 어떻게 이행할 것인가 147

Ⅴ. 의무 이행에 필요한 관리상의 조치

1. 관리상의 조치란 153
2. 어떻게 점검할 것인가 154
3. 의무가 이행되지 않았음을 확인했을 때 무엇을 해야 하나 157
4. 안전보건교육 실시에 대한 점검을 어떻게 할 것인가 158
5. 안전보건교육이 실시되지 않았을 때 어떤 조치를 취해야 하나 162

【부록 1】 중대재해처벌법 처벌 사례 분석

1. 들어가며 167
2. 어떤 논리로 기소됐나 168

3. 온유파트너스 판결 검토: 최초로 유죄가 선고된 판결 171
4. ㈜삼표 사건 검토: 진짜 '경영책임자'를 찾아서 기소한 사건 173
5. 두성산업 사건 검토: 최초 기소 사건이자 유일한 비(非) 사망 사건 175

[부록 2] 위험성 평가 활동

1. 위험성 평가의 개념 178
2. 위험성 평가의 대상 178
3. 위험성 평가의 실시 주체 179
4. 근로자의 참여 179
5. 위험성 평가 조직운영체계 180
6. 위험성 평가의 방법 180
7. 위험성 평가의 종류와 시기 185
8. 위험성 평가 절차 186

Q & A

❶ 도급이나 파견의 경우에는 어떻게 적용될까 25
❷ 출퇴근 재해도 중대산업재해에 포함될까 27
❸ 질병으로 인한 사망도 이 법으로 처벌받게 될까 28
❹ 경영책임자를 구별하기 어려운 경우 누구를 경영책임자로 볼까 34
❺ 학교의 경영책임자는 누구일까 35
❻ 제5조에서 말하는 제3자의 종사자는 구체적으로 누구일까 39
❼ 산업안전보건법을 지키더라도 중대재해처벌법으로 처벌될 수 있을까 48

자율점검표

- **자율점검표 1** 안전보건에 관한 목표와 경영방침(경영자 리더십) 수립 73
- **자율점검표 2** 전담 조직의 구성 및 운영 79
- **자율점검표 3** 유해·위험요인 파악 및 개선방안 93
- **자율점검표 4** 안전·보건 예산 편성 및 집행 101
- **자율점검표 5** 안전보건책임자 등의 충실한 업무수행 평가 105
- **자율점검표 6** 안전보건 전문 인력의 배치 113
- **자율점검표 7** 종사자 의견청취 및 참여 119
- **자율점검표 8** 중대재해 발생 대비 매뉴얼 구축 및 조치 126
- **자율점검표 9** 도급·용역·위탁 등 업체 선정 및 점검 135
- **자율점검표 10** 재해조사 및 재발방지 대책 마련 146
- **자율점검표 11** 개선·시정 명령 이행 149
- **자율점검표 12** 안전보건 관계법령 의무 이행을 위한 조치 163
- **자율점검표 13** 위험성 평가 실시 191

I

중대재해처벌법 제정의 의의

I. 중대재해처벌법 제정의 의의

1. 산재 발생 실태와 특성

고용노동부가 발표한 산업재해 발생현황에 따르면 2022년 산재로 사망한 근로자의 수는 2천223명이다. 이 중에서 업무상 사고로 인한 사망자는 874명, 업무상 질병으로 인한 사망자는 1천349명이다.[1]

〈표 1〉 산업재해 발생현황 (2013-2022년)

	2013	2014	2015	2016	2017	2018	2019	2020	2021	2022
산재 적용대상 근로자 수(천명)	15,449	17,062	17,969	18,432	18,560	19,073	18,725	18,975	19,379	20,173
사망자 수(명)	1,929	1,850	1,810	1,777	1,957	2,142	2,020	2,062	2,080	2,223
업무상 사고 사망자 수(명)	1,090	992	955	969	964	971	855	882	828	874
업무상 질병 사망자 수(명)	839	858	855	808	993	1,171	1.165	1,180	1,252	1,349
업무상 사고 사망만인율(‰)	0.71	0.58	0.53	0.53	0.52	0.51	0.46	0.46	0.43	0.43
사망률(만명당)	1.25	1.08	1.01	0.96	1.05	1.12	1.08	1.09	1.07	1.10

자료: e-나라지표, 고용노동부 산업재해 발생현황 각 연도

---

1 고용노동부가 매년 발표하는 산업재해 발생현황은 매년 발생한 산재 건수를 집계한 자료가 아니라, 매년 산재보험에서 승인된 건수(산재 미보고 적발 사망 재해를 포함)를 집계한 자료다. 더욱이 교사·공무원·군인 등은 이 통계에 포함돼 있지 않다. 따라서 이 통계는 실제 연도별 산재 통계를 제대로 보여주지 못한다. 다만 산업재해 발생현황 통계가 체계적으로 구축돼 있지 못해 그 한계와 문제점에도 우리나라 대표적인 산재 통계로 사용되고 있는 실정이다. 이에 이 책에서도 부득이 이 통계를 사용할 수밖에 없음을 양해하기 바란다. 고용노동부 산업재해 발생현황 통계를 참조 및 인용할 경우 이와 같은 한계와 문제점에 각별히 주의해야 한다.

산재 사망자 수는 인구 규모, 경기 침체, 실업률 등에 영향을 받는다. 경기 침체로 실업률이 높아지면 업무상 사고나 업무상 질병 발생 가능성이 낮아지게 된다. 또한 인구 규모를 고려하지 않은 산재 사망자 수 분석은 그릇된 결론에 이를 수 있다. 업무상 질병은 산재보험 인정기준 변화에 따라 그 규모가 달라질 수 있으므로, 그 분석에 각별한 주의를 요한다.

산재 실태를 분석할 때 산재 사망자 수보다 사망만인율(근로자 1만명당 발생하는 사망자 수 비율)의 변화를 살펴보는 것이 바람직하다. 업무상 사고 사망만인율은 2013년부터 2022년까지

[그림 1] 2022년 12월 말 산업재해 발생현황

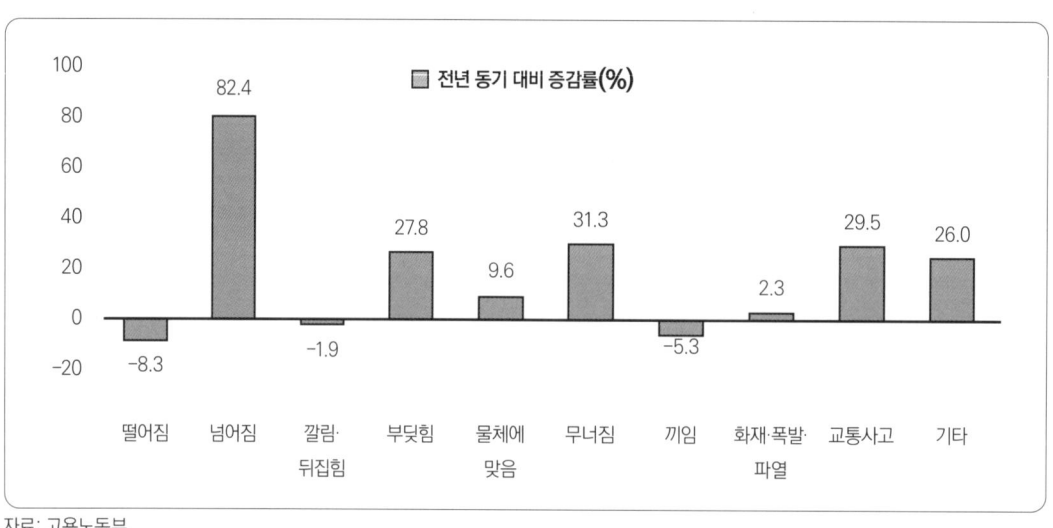

자료: 고용노동부

전반적으로 감소 추세에 있다. 위 통계가 매년 발생하는 산재 발생현황을 정확히 보여주지는 못하지만, 산재 사망은 은폐하기 쉽지 않고 장기간에 걸친 시계열 분석이 통계 집계상 문제점을 일부 완화하는 측면도 있으므로 위 통계를 기초로 업무상 사고 사망이 경미하게 감소하고 있다고 분석하는 것은 큰 무리가 없어 보인다.

2022년 업무상 사고로 인한 사망자는 874명으로 2021년 828명에 비해 증가했다. 다만 업무상 사고 사망만인율은 0.43으로 2021년과 동일했다. 2022년 업무상 사고 사망만인율을 사업장 규모별로 살펴보면 5명 미만 사업장, 100명 이상 299명 이하 사업장에서 사망자가 증가했음을 알 수 있다.

우리나라 업무상 사고 사망의 두드러진 특징은 떨어짐·부딪힘·끼임 등 비교적 간단한 안전 조치만으로도 예방할 수 있는 사고에서 기인한다는 것이다. 2022년에 업무상 사고 사망자 874명 중 57.7%인 504명이 떨어짐·부딪힘·끼임에 의해 사망했다. 이에 일부 전문가들은 우리나라 산재 사고를 이른바 '후진적 산재' 내지 '재래형 산재'라 칭하기도 한다.

한편, 업무상 사고 사망의 또 다른 특징은 소규모 기업들의 사망률이 높다는 점이다. 실제로 2022년 업무상 사고 사망자 874명 중 81%인 707명이 50명 미만 사업장에서 발생했다. 우리나라 산업구조상 이들 소규모 기업은 대부분 건설업·제조업의 하청업체인 경우가 많다. 열악한 재정구조상 제대로 된 안전보건 인력·설비·시스템을 갖추기 어려운 것이 원인으로 지목된다. 널리 알려진 사실과 같이 우리나라 업무상 사고 사망만인율은 다른 나라들과 비교했을 때 매우 심각한 수준이다. 2019년 업무상 사고 사망만인율은 우리나라가 영국의 15.3배다. 이 수치는 영국의 근로자가 산재 사고로 1명 죽을 때 우리나라에서는 15명 이상 죽었다는 것을 의미한다.

〈표 2〉 업무상 사고 사망만인율 국가별 비교

국가	일본 (2019)	독일 (2018)	미국 2019	영국 (2019)	한국 (2019)
업무상 사고 사망만인율(‰)	0.14	0.14	0.37	0.03	0.46

자료: e-나라지표

2. 법 제정의 배경 및 의의

가. 역사

1981년 산업안전보건법이 제정되기 전에는 우리나라 노동법제에 산업안전보건을 규율하기 위한 별도 법률은 없었다. 1953년 제정된 근로기준법은 '제6장 안전과 보건' 부분에서 이와 관련한 법조항을 두고 있었다.[2] 이에 관한 세부적인 내용은 1961년에 근로보건관리규칙, 1962년에 근로안전관리규칙이 각각 제정되면서 마련됐다.

1970년대 중화학공업 중심 산업구조조정이 가속화됨에 따라 산업재해가 증가하게 되자 산업안전보건을 규율하기 위한 별도 법률의 제정 필요성이 제기됐다. 그 결과 1981년 12월 31일 산업안전보건법이 제정돼 1982년 7월 1일 시행되게 됐다. 제정 당시 산업안전보건법은 총 48개 조항으로 구성됐고 현재 산업안전보건기준에 관한 규칙(안전보건규칙)에서 담고 있는 사업주의 안전보건조치 의무와 관련한 구체적 사항들을 시행규칙에서 정하고 있었다.

1990년에는 '산업안전기준에 관한 규칙'과 '산업보건기준에 관한 규칙'이 별도로 제정돼 사업주의 안전조치의무와 보건조치의무의 구체적 사항들을 각각 규율하게 됐다. '산업안전기준에 관한 규칙'과 '산업보건기준에 관한 규칙'은 분리돼 독립적으로 유지되다가 2011년에 이르러 현재의 산업안전보건기준에 관한 규칙으로 통합됐다.

산업안전보건법 전부개정은 1981년 법이 제정된 이래 1990년과 2019년 두 차례 이뤄졌을 뿐이다. 우리나라 산업구조 및 고용구조가 매우 빠르게 변화했음을 감안하면 두 차례의 전부개정은 매우 더딘 변화였다고 할 수 있다. 1990년 주요 전부개정 내용은 다음과 같다.

---

2 근로기준법에는 "제6장 안전과 보건" 부분이 유지되고 있다. 다만 제76조에서 "근로자의 안전과 보건에 관하여는 산업안전보건법에서 정하는 바에 따른다"고 규정하고 있을 뿐이다.

정부의 의무 사항
산재예방 기본계획 공표에 관한 사항
안전보건표지 부착과 관련한 사항
안전보건관리체계 개선 및 강화에 관한 사항
산업안전보건위원회 노사 동수 구성에 관한 사항
안전보건교육과 관련한 사항
건강관리수첩제도 관련 사항
근로감독관 권한 강화에 대한 사항
산재예방기금 설치·운용에 관한 사항
처벌 강화에 관한 사항 등

그 이후에도 산업안전보건법은 지속적으로 개정됐으나 그 기본적 틀과 내용은 크게 변화하지 않았다. 이에 산업안전보건법이 빠르게 변화하는 산업구조 및 고용구조, 새롭게 등장하는 유해·위험요인에 적절히 대응하지 못한다는 사회적 비판이 높아져 갔다. 위험의 외주화가 심화하는 가운데 비정규직, 하청·청년 노동자들의 죽음이 이어졌고, 고 김용균 근로자의 죽음을 계기로 2019년에 제2차 전부개정이 이뤄지게 된다. '김용균법'이라 불리는 산업안전보건법 제2차 전부개정의 주요 내용은 다음과 같다.

특수고용 노동자 보호에 관한 사항
대표이사의 안전보건 계획 수립에 관한 사항
위험의 외주화 방지를 위한 도급인 책임 강화에 관한 사항
작업 중지권 명확화에 관한 사항
근로자의 알 권리 보장에 관한 사항
처벌 강화에 관한 사항 등

산업안전보건법 제2차 전부개정에도 산재 사망 감소나 위험의 외주화 감소를 위한 뚜렷한 변화 흐름이 나타나지 않았다. 더욱이 시행령 등 하위법령 개정 과정에서 제2차 전부개정의 한계와 문제점들이 드러나기 시작했다. 이에 기존 산업안전보건법만으로는 산재 감소를 위한 실질적 변화를 기대하기 어렵다는 사회적 공감대가 형성됐다. 그 결과 중대재해를 유발한 기업 처벌을 강화할 목적으로 2021년 중대재해처벌법이 제정되기에 이른다.

나. 사회적 의미

1987년 3월 6일 영국에서 전 사회를 슬픔과 충격에 빠트린 참혹한 사건이 발생했다. 벨기에 제브루게(Zeebrugge)항을 출발해 영국 도버항으로 향하던 여객선 '헤럴드 오브 프리 엔터프라이즈호'가 출발하자마자 침몰해 190여명이 사망한 것이다. 뱃머리 문을 닫지 않고 배가 출항한 것이 사고 원인이었다. 부갑판장이 잠이 들어 뱃머리 문을 닫지 못했으나 이를 감독하거나 제어하는 어떤 시스템도 작동하지 않았다.

인간은 언제든 실수를 범하는 존재이고 이는 누구나 인정하는 객관적 사실이다. 그렇다면 모든 기업은 이 같은 실수가 참혹한 결과로 이어지지 않도록 철저히 관리하고 감독하고 제어해야 할 의무가 있다. 그러나 이 사고에서는 이와 같은 시스템이 작동하지 않았다. 결국 부갑판장보다 기업에 이 사고의 더 큰 책임이 있다고 볼 수 있다.

당시 영국에는 이런 사고를 야기한 기업에 책임을 제대로 물을 법률이 존재하지 않았고, 선장과 선원들만 처벌되는 허망한 결과로 귀결됐다. 이 사건은 당시 영국 사회를 큰 충격에 빠뜨렸다. 영국 사회는 기업의 무분별한 이윤 추구 앞에서 시민과 근로자의 생명과 건강을 보호하기 위한 새로운 법률적 도구를 고민하기 시작했다. 그 고민의 결과물이 바로 영국에서 2007년 제정된 "기업과실치사 및 기업살인법(Corporate Manslaughter and Corporate Homicide Act)"이다. 이 법률은 우리나라에는 '기업살인법'으로 소개됐고, 후일 중대재해처벌법이 제정되는 중요한 근거가 됐다.

2014년 4월 16일, 우리나라도 1987년 영국과 비슷한 아픔을 경험했다. 그 이후 우리 사회에서도 1987년 영국과 마찬가지 고민들이 모이기 시작했다. 이윤을 위해 시민·근로자의 생명과 건강을 포기한 비도덕적 기업들을 처벌하자는 사회적 여론과 입법적 요구가 높아졌다. 국회에서는 영국 기업살인법의 문제의식을 담은 법률 제정안 및 개정안이 앞다투어 발의되기도 했다. 기업살인처벌법이라는 이름으로 법률 제정안이 제출되기도 했다. 그러나 이 같은 입법 요구와 시도들은 기업 경영을 위축시킬 수 있다는 우려 속에서 무의미한 논쟁만 남긴 채 매번 좌절됐다.

그렇게 시간이 흘러가면서 그 피해는 비정규직, 청년 근로자들에게 집중됐다. 위험의 외주화는 나날이 심각해졌고 특수고용·플랫폼 노동 등 전례를 찾아보기 어려운 다양한 고용형태가 노동시장을 잠식했다. 그 결과 누구도 책임지지 않는 일터에서 수많은 청년이 생명과 건강을 잃어 갔다. 2016년 구의역 김군, 2018년 김용균 근로자. 이들은 우리 주변에서 언제든 만날 수 있는 사람들이었다. 위험의 외주화에 내몰린 비정규 근로자였고 청년이었다.

연일 이어지는 청년들의 죽음을 계기로 우리 사회를 이대로 방치할 수 없다는 공분과 공론의 장이 다시 만들어졌다. 유족들은 국회 앞으로 달려가 무수히 많은 밤들을 지새우고 더 이상 죽지 않게 해 달라고 요구하고 애원했다. 시민·근로자·전문가들이 이에 함께하면서 변화를 요구하는 사회적 여론과 입법적 요구가 국회를 에워싸기 시작했다. 그 결과 2019년 산업안전보건법 제2차 전부개정안을 거쳐 2021년 중대재해처벌법 제정에 이르는 역사적인 변화를 만들어 냈다.

이처럼 중대재해처벌법은 처벌을 위한 법률적 도구 이상의 중요한 사회적 의미를 지닌다. 시장경제하에서 기업의 이윤 추구가 야기하는 심각한 병폐와 부조리에 사회 구성원이 저항한 결과물이자 반성의 결과물이고, 시민의 공분과 공론의 결과물이다.

다. 법·제도적 의미

산재 사망이 감소 추세에 있는 것은 사실이지만 비슷한 경제 수준의 다른 나라들과 비교했을 때 우리나라 산재 사망률은 여전히 세계 최고 수준이다. 더욱이 산재 사고 사망의 대부분이 50명 미만 사업장에 집중되고 있고, 기본적인 안전 조치만으로 예방할 수 있는 산재 사고가 대부분을 차지하고 있다. 산재 예방과 처벌을 위한 산업안전보건법이 작동되고 있고 2019년 산업안전보건법이 전부개정됐음에도 근본적인 변화가 나타나지 않는 원인은 무엇일까?

첫째, 현행 산업안전보건법제는 변화된 고용구조와 산업구조를 제대로 반영하지 못하고 있다. 산업안전보건법이 제정된 1981년의 고용구조는 기본적으로 직접고용, 종신고용을 전제로 한 것이었다. 이 때문에 산업안전보건법과 하위법령상 제반 조치들은 간접고용·특수고용·플랫폼노동 같은 현재의 변화된 고용구조에는 무기력할 수밖에 없다. 근로자들은 현장에서 죽고 다치고 병들고 있으나 사용자들은 자신이 직접고용한 근로자가 아니라는 이유로, 근로기준법상 근로자가 아니라는 이유로 그 책임을 하청업체나 근로자 본인에게 전가하고 있는 상황이다.

산업구조 역시 매우 빠른 속도로 변화하고 있다. 이제 우리 산업구조는 3차 산업을 넘어 4차 산업으로 나아가고 있고 근로자의 건강을 위협하는 복잡한 유해·위험요인이 매일 새롭게 등장하고 있다. 그 유해·위험요인은 물질일 수도 있고, 환경일 수도 있으며, 조직 내부의 인간관계일 수도 있다. 그러나 산업안전보건법은 이같이 변화된 산업구조를 제대로 반영하지 못하고 여전히 제조업·건설업 중심의 규율 체제에서 크게 벗어나지 못하고 있다.

둘째, 산재 사망을 야기한 사업주에게 그 책임에 합당한 처벌이 제대로 이뤄지고 있지 않다. 산재 사망을 야기한 사업주 처벌은 단죄 이상의 사회적 의미를 지닌다. 이는 일종의 사회적 시그널이다. 이윤과 근로자의 생명·건강을 맞바꾼 사업주에게 엄중한 처벌이 내려진다면, 간접고용으로도 산재 사망 책임에서 더 이상 자유로워질 수 없다면 기업은 산재 예방을 위한 비용 지출을 우선 지출 목록에 올려놓을 것이다. 반면 그 반대의 현상이 나타난다면, 아마도 산재 예방을 위한 비용 지출은 기업의 생산과 경영을 위한 모든 지출이 이뤄지고 남는 금액 범위 내에서 이뤄질 가능성이 높다.

그렇다면 우리 사회는 기업과 사업주들에게 어떤 시그널을 보내고 있을까? 이는 산재 사망에 대한 처벌 현황만 살펴보아도 간단히 확인된다. 산재 사망을 야기한 사업주들이 대부분 미약한 벌금형에 처해지거나 집행유예로 풀려나는 것이 현실이다. 이 같은 현실은 2018년 고 김용균 근로자의 죽음을 계기로 이뤄진 산업안전보건법 제2차 전부개정 이후에도 크게 변화되지 않았다. 최근 산업안전보건법 제2차 전부개정 이후에 처벌 수준이 어떻게 변화했는지 분석한 연구보고서가 발표됐다. 이 연구는 2020년 1월부터 2021년 8월까지 선고된 산업안전보건법 위반 사건 1심 판결 496건을 분석했다. 연구 결과에 따르면, 2020년에는 징역형이 선고된 184명 중 9명에 대해서만 실형이 선고됐고, 2021년에는 징역형이 선고된 111명 중 2명에 대해서만 실형이 선고됐다.[3]

셋째, 산업재해를 예방·감독하고 산재 사망을 야기한 사업주를 조사해야 할 근로감독 행정력이 절대적으로 부족하다. 근로감독관 중 산재 예방·감독을 책임지는 산업안전감독관 정원은 2021년 말 기준으로 815명이다. 2016년 말 412명에 비하면 큰 폭으로 확대된 숫자지만 우리나라 전체 사업장을 책임지기에는 턱없이 부족한 숫자다. 2020년 산재보험 적용 사업장 수는 271만9천308개, 적용 대상 근로자 수는 1천897만4천513명이다. 815명 정원이 모두 충원돼 현장을 책임진다고 하더라도 감독관 1인당 3천337개 사업장, 2만3천282명의 근로자를 책임져야 하는 상황이다.

물론 정부가 모든 사업장에 대해 예방·감독행정을 펼치는 것은 불가능에 가깝다. 그렇다면 감독행정 방식을 변화시키는 것도 좋은 방안이 될 수 있다. 사용자의 포괄적 책임 범위를 강화하되 산재 발생 시 책임을 엄중히 묻고, 노동조합과 근로자의 참여·감시 권한을 보장함으로써 사업장 내에서 실질적인 예방·감시가 이뤄질 수 있도록 한다면, 정부의 감독행정력을 효과적으로 활용할 수 있다. 그러나 우리나라에서 감독 전략에 대한 고민을 찾아보기 어렵다.

---

3 이진국·양승국, 산업안전보건법 위반 범죄에 대한 판례 분석, 2021, 28쪽

중대재해처벌법 제정은 앞서 살펴본 산업안전보건법제의 한계 내지 문제점에서 비롯된 결과물이다. 즉 직접고용 여부와 무관하게 시설·장비·장소 등을 실질적으로 지배·운영·관리할 권한을 보유한 자에게 안전 및 보건 확보의무를 부여함으로써 위험의 외주화를 통해 이익만을 향유하고 그에 따르는 책임은 지지 않는 비도덕적인 기업들을 규율하기 위함이다. 이윤을 위해 근로자의 생명과 건강을 도외시하는 기업들을 엄중히 처벌함으로써, 기업들 스스로 근로자의 안전보건을 확보하기 위한 다양한 활동을 벌이도록 견인하기 위함이다. 이를 통해 정부의 근로감독행정의 부담을 경감하고 기업 스스로가 안전보건 활동의 실질적 주체가 되는 안전보건 시스템과 환경을 구축하기 위함이다.

II

중대재해처벌법의 주요 내용

II. 중대재해처벌법의 주요 내용

1. 목적

> **중대재해처벌법**
>
> **제1조(목적)** 이 법은 사업 또는 사업장, 공중이용시설 및 공중교통수단을 운영하거나 인체에 해로운 원료나 제조물을 취급하면서 안전·보건 조치의무를 위반해 인명피해를 발생하게 한 사업주, 경영책임자, 공무원 및 법인의 처벌 등을 규정함으로써 중대재해를 예방하고 시민과 종사자의 생명과 신체를 보호함을 목적으로 한다.

첫째, 사업 또는 사업장에서 발생하는 산업재해, 그리고 공중이용시설(예: 삼풍백화점), 공중교통수단(예: 세월호), 인체에 해로운 원료나 제조물(예: 가습기 살균제)로 인해서 발생한 참사의 책임자를 찾아서 처벌하기 위한 법이다. 지금까지 한국 사회가 제대로 된 책임자를 가려내서 처벌하지 못했다는 반성 위에 서 있는 법이다.

둘째, 인명피해가 발생한 경우만 처벌한다. 산업안전보건법 등 행정법에서는 법률에서 정한 의무를 위반하면, 사람이 죽지 않아도 처벌한다. 그러나 이 법에서는 사망·부상·질병이라는 결과가 발생한 경우만 처벌한다.

셋째, 최고 의사결정권자인 경영책임자의 책임을 묻는 법이다. 말단 직원이나 중간관리자는 이 법으로 처벌될 수 없다. 사기업이나 단체의 경우 대표자급이 처벌된다. 그리고 정부나 공공기관의 경우 그 기관의 장이 처벌된다. 물론 법인도 양벌규정에 따라서 처벌된다.

2. 적용 범위

> **중대재해처벌법**
>
> **제3조(적용범위)** 상시 근로자가 5명 미만인 사업 또는 사업장의 사업주(개인사업주에 한정한다. 이하 같다) 또는 경영책임자등에게는 이 장의 규정을 적용하지 아니한다.
>
> **부 칙 〈법률 제17907호, 2021. 1. 26.〉**
>
> **제1조(시행일)** ① 이 법은 공포 후 1년이 경과한 날부터 시행한다. 다만, 이 법 시행 당시 개인사업자 또는 상시 근로자가 50명 미만인 사업 또는 사업장(건설업의 경우에는 공사금액 50억원 미만의 공사)에 대하여서는 공포 후 3년이 경과한 날부터 시행한다. ② 제1항에도 불구하고 제16조는 공포한 날부터 시행한다.

상시 근로자가 5명 미만인 사업 또는 사업장에는 중대산업재해 규정이 적용되지 않는다. 한 사업장의 상시 근로자가 5명 미만이어도, 전체 사업의 상시 근로자가 5명 이상이면 이 법의 적용을 받는다. 상시 근로자를 산정하는 방법에 관한 규정은 없지만, 실무상 근로기준법 시행령 제7조의2에서 정한 방법으로 산정하고 있다.

> 상시 근로자 수 = 법 적용 사유 발생일 전 1개월 동안 사용한 근로자의 연인원(延人員, 전체인원) ÷ 가동일수 (근로기준법 시행령 제7조의2)
> 위 계산방식에 따라 법 적용 사업 또는 사업장에 해당하지 않더라도, 산정기간에 속하는 일별로 근로자 수를 파악했을 때 법 적용 기준에 미달한 일수가 2분의 1 미만인 경우에는 법이 적용된다고 간주

이 법은 2022년 1월 27일부터 시행됐지만, 상시 근로자 50명 미만 사업 또는 사업장, 그리고 건설업에서 공사금액 50억원 미만의 공사의 경우에는 2024년 1월 27일 시행된다.

Q&A ① 도급이나 파견의 경우에는 어떻게 적용될까

파견근로자 보호 등에 관한 법률(파견법)에서는 근로자를 파견받아서 업무지시를 하는 사용사업주가 산업안전보건법상 의무가 있다고 정한다(파견법 제35조제1항). 즉 파견근로자도 사용사업주의 지휘·명령 아래에 있으므로 사용사업주의 상시 근로자 수를 산정할 때 포함돼야 한다.

반면 도급의 경우 직접 소속된 근로자 숫자를 기준으로만 산정하게 된다. 예를 들어 도급인 소속의 상시 근로자가 5명 이상이라면 수급인 소속 사업의 상시 근로자가 5명 미만이어도 도급인이 이 법상 의무를 진다. 반대로 도급인 소속의 상시 근로자가 5명 미만이고 수급인 소속은 그 이상이라면, 수급인만 이 법상 의무를 지게 된다.

3. 중대재해의 정의

> **중대재해처벌법**
>
> **제2조(정의)** 이 법에서 사용하는 용어의 뜻은 다음과 같다.
> 1. "중대재해"란 "중대산업재해"와 "중대시민재해"를 말한다.
> 2. "중대산업재해"란 「산업안전보건법」 제2조제1호에 따른 산업재해 중 다음 각 목의 어느 하나에 해당하는 결과를 야기한 재해를 말한다.
>   가. 사망자가 1명 이상 발생
>   나. 동일한 사고로 6개월 이상 치료가 필요한 부상자가 2명 이상 발생
>   다. 동일한 유해요인으로 급성중독 등 대통령령으로 정하는 직업성 질병자가 1년 이내에 3명 이상 발생

가. 법률의 전반적인 체계

"중대재해"는 "중대산업재해"와 "중대시민재해"로 구분된다. "중대산업재해"에 관해서는 제2장에서(제3조~제8조), "중대시민재해"는 제3장에서(제9조~제11조) 다룬다. 제4장은 모든 중대재해에 공통적으로 적용되는 내용으로, 제12조(형 확정 사실의 통보), 제14조(심리절차에 관한 특례), 제15조(손해배상의 책임), 제16조(정부의 사업주 등에 대한 지원 및 보고)를 정하고 있다. 단, 제13조에서 정하는 발생사실 공표 제도는 중대산업재해에만 적용된다.

나. 중대산업재해의 의미

(1) 중대산업재해와 산재보험법상 "산재"의 차이점

이 법에서 정하는 "중대산업재해"는 산업안전보건법 제2조제1호에 따른 산업재해 중에서도, 사망 등 중대한 결과를 야기한 재해를 말한다. 산업안전보건법상 "산업재해"란 "노무를 제공하는 사람이 업무에 관계되는 건설물·설비·원재료·가스·증기·분진 등에 의하거나 작업 또는 그 밖의 업무로 인해 사망 또는 부상하거나 질병에 걸리는 것"이다.

그리고 산업안전보건법은 제38조 등에서 산업재해를 예방하기 위해 사업주에게 의무를 지우고, 이 의무를 위반하면 형사처벌을 한다. 그러니까 산업안전보건법상 산업재해란 사업주가 예방할 의무가 있는 것이다.

반면에 흔히 생각하는 '산재'는 재해보상에 관한 법률인 산업재해보상보험법(산재보험법) 제5조와 제37조제1항에서 정하는 "업무상의 재해"다. 산재보험이란 업무수행에 따르는 위험이 현실화된 경우에 그로 인한 손실을 보상해 주는, 흔히 말하는 '4대 보험'의 일종인 사회보험이다. 그런데 산재보험법상 '산재' 즉 "업무상의 재해"에 해당하더라도, 산업안전보건법상 "산업재해"에 해당하지 않는 경우가 있다.

예를 들어 △사업주가 주관하거나 사업주의 지시에 따라 참여한 행사나 행사 준비 중에 발생한 사고 △업무상의 재해로 인정받고 요양하고 있던 중 발생한 사고(의료사고나 의료기관 내에서 발생한 사고, 의료기관을 통원하던 중 발생한 사고) △출퇴근 재해 중에서도 사업주가 제공한 교통수단이 아닌 교통수단으로 출퇴근한 경우 등은 산재에는 해당되지만 산업안전보건법상 산업재해 개념에는 포함될 수 없다. 따라서 이러한 경우는 이 법에 따라 처벌할 수 없다고 보인다.

Q&A ② 출퇴근 재해도 중대산업재해에 포함될까

출퇴근 재해도 산재보험으로 보상받는 경우가 있다. 그렇다면 이 법상 중대산업재해에 해당할 수 있을까. 사업주가 제공한 교통수단으로 출퇴근하다가, 그 설비의 결함에 의해서 사고(사망 또는 부상)가 발생한 경우라면 "업무와 관계되는 설비"를 이용하던 중에 해당하므로 중대산업재해로 볼 수도 있다(대검찰청 자료

35면). 그렇지 않고 개인적으로 선택한 교통수단을 이용한 출퇴근 중의 사고라면 산업안전보건법상 산업재해에 포함되지 않을 것이므로, 이 법이 적용될 여지가 없다고 보인다.

(2) 중대산업재해 판단에서 "결과 발생"의 의미

중대산업재해가 성립되기 위해서는 반드시 아래 세 가지 중 하나에 해당해야 한다.

첫째로 사망자가 1명 이상 발생해야 한다. 산업안전보건법상 "산업재해"로 인한 사망이면 충분하므로, 질병으로 인한 사망도 포함된다.

Q&A ❸ 질병으로 인한 사망도 이 법으로 처벌받게 될까

검찰과 고용노동부는 원칙적으로는 질병으로 인한 사망도 여기에 포함된다고 설명한다. 하지만 어떤 경우에 처벌받을지는 여전히 논란이 많다. 처벌을 하려면 경영책임자의 의무 위반과 사망이라는 결과 발생의 인과관계에 관해 검사가 합리적인 의심이 없는 정도까지 증명해야 한다(「형사소송법」 제307조제2항).
여기서 두 가지가 문제 된다. 첫째로, 경영책임자등의 의무 위반을 찾아내야 한다. 과로사나 자살의 경우 어떤 의무를 위반했는지를 찾아야 한다. 예를 들어 근로기준법상 근로시간을 준수했는지, 직장 내 괴롭힘이나 성희롱 신고가 됐는데 제대로 처리했는지가 문제 될 수 있다.
둘째로, 종사자의 개인적인 위험요인이 개입된 경우다. 예를 들어 과로사의 경우 당뇨, 고혈압, 비만, 음주·흡연 등 생활습관이 문제 될 수 있고, 자살의 경우 기존의 정신질환이 그렇다.

결국 경영책임자등이 의무를 위반해서 사망에 이르렀다는 것이 합리적 의심의 여지없이 증명이 돼야 처벌을 받게 될 것이다.

둘째로, 동일한 사고로 6개월 이상 치료가 필요한 부상자가 2명 이상 발생해야 한다. 질병과는 달리 원인은 동일하지만(예: 같은 기계) 사고 시간이나 공간이 다른 경우에는 2명 이상의 부상자가 발생하더라도 중대산업재해가 아니다.

다만 "6개월 이상의 치료가 필요한"이라는 개념은 다소 애매하다. 최초 진료 시점에는 6개월 미만이더라도 그 이후에 치료가 필요한 기간이 늘어난다면 여기에 해당될 수 있다. 문제는 "치료"다. 이에 관해 고용노동부는 부상과 합병증에 대한 직접적 치료행위가 있는 기간만 포함되고 재활에 필요한 기간은 포함되지 않는다고 보고 있다. 참고로 산재보험법 제5조제4호에서는 "치유"란 "부상 또는 질병이 완치되거나 치료의 효과를 더 이상 기대할 수 없고 그 증상이 고정된 상태에 이르게 된 것"이라고 해서, '더 좋아지지도 더 나빠지지도 않는 상태'가 곧 "치유"다. 여기에 빗대어 생각해 본다면, 산재보험법상 "치유"된 상태라면, 이 법에서 정하는 "치료"가 끝났다고 볼 수 있다.

셋째로, 동일한 유해요인으로 급성중독 등 대통령령으로 정하는 직업성 질병자가 1년 이내에 3명 이상 발생해야 한다. 한 건의 사건으로 여러 명의 질병자가 발생할 필요가 없다. 예를 들어 A라고 하는 화학물질이 사용돼 다수의 질병자가 발생했다면 그 물질에 노출된 시기가 각자 달라도 중대산업재해다. 혹은 노출된 시기는 같지만, 발병 시기가 달라도 상관없다. 이렇게 보는 이유는 동일한 유해요인에 대한 관리부실로 인해 같은 병이 계속 발병하는 경우도 처벌함으로써 예방할 필요가 있기 때문이다.

직업성 질병 목록인 이 법 시행령 [별표 1]에서는 한 가지 유해요인이 한 가지 질병과 일대일로 대응하는 방식으로 정하고 있다. 여기에는 열사병도 포함돼 있다. 예를 들어 2022년 8월 30일 A회사 당진공장에서 열사병 환자가 1명 발생하고, 2023년 7월 10일 같은 회사 순천공장에서 1명, 7월 20일 인천공장에서 1명 발생했다면, 마지막 발생일부터 역산해서 1년 이내에 3명 이상이 동일한 유해요인으로 동일한 질병이 발생했으므로 중대산업재해에 해당한다.

중대재해 처벌 등에 관한 법률 시행령 [별표1]

직업성 질병(제2조 관련)

1. 염화비닐·유기주석·메틸브로마이드(bromomethane)·일산화탄소에 출돼 발생한 중추신경계장해 등의 급성중독
2. 납이나 그 화합물(유기납은 제외한다)에 노출돼 발생한 납 창백(蒼白), 복부 산통(産痛), 관절통 등의 급성중독
3. 수은이나 그 화합물에 노출돼 발생한 급성중독
4. 크롬이나 그 화합물에 노출돼 발생한 세뇨관 기능 손상, 급성 세뇨관 괴사, 급성신부전 등의 급성중독
5. 벤젠에 노출돼 발생한 경련, 급성 기질성 뇌증후군, 혼수상태 등의 급성중독
6. 톨루엔(toluene)·크실렌(xylene)·스티렌(styrene)·시클로헥산(cyclohexane)·노말헥산(n-hexane)·트리클로로에틸렌(trichloroethylene) 등 유기화합물에 노출돼 발생한 의식장해, 경련, 급성 기질성 뇌증후군, 부정맥 등의 급성중독
7. 이산화질소에 노출돼 발생한 메트헤모글로빈혈증(methemoglobinemia), 청색증(靑色症) 등의 급성중독
8. 황화수소에 노출돼 발생한 의식 소실(消失), 무호흡, 폐부종, 후각신경마비 등의 급성중독
9. 시안화수소나 그 화합물에 노출돼 발생한 급성중독
10. 불화수소·불산에 노출돼 발생한 화학적 화상, 청색증, 폐수종, 부정맥 등의 급성중독
11. 인[백린(白燐), 황린(黃燐) 등 금지물질에 해당하는 동소체(同素體)로 한정한다]이나 그 화합물에 노출돼 발생한 급성중독
12. 카드뮴이나 그 화합물에 노출돼 발생한 급성중독
13. 다음 각 목의 화학적 인자에 노출돼 발생한 급성중독

    가. 산업안전보건법 제125조제1항에 따른 작업환경측정 대상 유해인자 중 화학적 인자

    나. 산업안전보건법 제130조제1항제1호에 따른 특수건강진단 대상 유해인자 중 화학적 인자
14. 디이소시아네이트(diisocyanate), 염소, 염화수소 또는 염산에 노출돼 발생한 반응성 기도과민증후군
15. 트리클로로에틸렌에 노출(해당 물질에 노출되는 업무에 종사하지 않게 된 후 3개월이 지난 경우는 제외한다)돼 발생한 스티븐스존슨 증후군(stevens-johnson syndrome). 다만, 약물, 감염, 후천성면역결핍증, 악성 종양 등 다른 원인으로 발생한 스티븐스존슨 증후군은 제외한다.
16. 트리클로로에틸렌 또는 디메틸포름아미드(dimethylformamide)에 노출(해당 물질에 노출되는 업무에 종사하지 않게 된 후 3개월이 지난 경우는 제외한다)돼 발생한 독성 간염. 다만, 약물, 알코올, 과체중, 당뇨병 등 다른 원인으로 발생하거나 다른 질병이 원인이 돼 발생한 간염은 제외한다.

17. 보건의료 종사자에게 발생한 B형 간염, C형 간염, 매독 또는 후천성면역결핍증의 혈액전파성 질병
18. 근로자에게 건강장해를 일으킬 수 있는 습한 상태에서 하는 작업으로 발생한 렙토스피라증(leptospirosis)
19. 동물이나 그 사체, 짐승의 털·가죽, 그 밖의 동물성 물체를 취급해 발생한 탄저, 단독(erysipelas) 또는 브루셀라증(brucellosis)
20. 오염된 냉각수로 발생한 레지오넬라증(legionellosis)
21. 고기압 또는 저기압에 노출되거나 중추신경계 산소 독성으로 발생한 건강장해, 감압병(잠수병) 또는 공기색전증(기포가 동맥이나 정맥을 따라 순환하다가 혈관을 막는 것)
22. 공기 중 산소농도가 부족한 장소에서 발생한 산소결핍증
23. 전리방사선(물질을 통과할 때 이온화를 일으키는 방사선)에 노출돼 발생한 급성 방사선증 또는 무형성 빈혈
24. 고열작업 또는 폭염에 노출되는 장소에서 하는 작업으로 발생한 심부체온상승을 동반하는 열사병

4. 보호 대상

- 근로자를 포함하는 더 넓은 개념인 "종사자"

중대재해처벌법

제2조(정의) 이 법에서 사용하는 용어의 뜻은 다음과 같다.
7. "종사자"란 다음 각 목의 어느 하나에 해당하는 자를 말한다.
　가. 「근로기준법상」의 근로자
　나. 도급, 용역, 위탁 등 계약의 형식에 관계없이 그 사업의 수행을 위하여 대가를 목적으로 노무를 제공하는 자
　다. 사업이 여러 차례의 도급에 따라 행하여지는 경우에는 각 단계의 수급인 및 수급인과 가목 또는 나목의 관계가 있는 자

이 법의 보호 대상은 종사자다. 종사자 개념을 분석하기에 앞서, 산업안전보건법의 보호 대상을 먼저 살펴보자. 산업안전보건법은 종래에 22개 위험장소를 제외하고는 원청 사업주는 원청 소속 근로자에 대해서만 보호의무를 졌다. 그런데 2020년 1월 16일부터 시행된 전부개정 산업안전보건법(이른바 김용균법, 법률 제16272호) 제63조에서는 "도급인은 관계수급인의 근로자가 도급인의 사업장에서 작업을 하는 경우에 자신의 근로자와 관계수급인 근로자의 산업재해를 예방"해야 한다고 정한다.

여기서 "관계수급인"이란, 다단계 하도급이 있는 경우에 각각의 수급인을 의미한다(산업안전보건법 제2조제8호). 그리고 "도급인의 사업장"이란, ① 도급인의 사업장 내 모든 장소 ② 그 장소 밖이어도 도급인이 제공하거나 지정한 경우로서 도급인이 지배·관리하는 장소로서 대통령령이 정하는 21개 위험장소를 의미한다(산업안전보건법 제10조제2항).

정리하면, 도급인이 지배하고 관리하는 곳에서 일하고 있는 경우라면 그 근로자가 수급인 소속이어도 도급인이 보호해야 하는 의무가 있다. 그리고 특수형태근로종사자의 경우에는 산업안전보건기준에 관한 규칙 제672조에서 특수고용 노동자 유형에 따라 몇 가지 제한된 내용에 한정해 보호하고 있다.

이제 이 법의 보호 대상인 "종사자"의 의미를 구체적으로 살펴본다.

첫째, 근로자는 종사자에 포함된다. 근로기준법 제2조제1항제1호에서의 "근로자"란 "직업의 종류와 관계없이 임금을 목적으로 사업이나 사업장에 근로를 제공하는 사람"을 말한다.

둘째, "도급, 용역, 위탁 등 계약의 형식에 관계없이 그 사업의 수행을 위해 대가를 목적으로 노무를 제공하는 자"도 종사자에 포함된다. 즉 근로자성이 인정되지 않는 특수고용 근로자도 여기에 포함된다.

셋째, "사업이 여러 차례의 도급에 따라 행하여지는 경우에는 각 단계의 수급인 및 수급인과 가목 또는 나목의 관계가 있는 자"도 종사자에 포함된다. 이는 두 가지로 나눠 봐야 한다. 여러 단계의 하도급이 있는 경우에 그 수급인의 근로자 또는 특수고용 근로자도 도급인(원청)이 보호해야 하는 종사자다. 그리고 수급인 본인이 직접 노무를 제공한 경우에도 종사자에 포함된다.

5. 의무 주체

> **중대재해처벌법**
>
> **제2조(정의)** 이 법에서 사용하는 용어의 뜻은 다음과 같다.
> 8. "사업주"란 자신의 사업을 영위하는 자, 타인의 노무를 제공받아 사업을 하는 자를 말한다.
> 9. "경영책임자등"이란 다음 각 목의 어느 하나에 해당하는 자를 말한다.
>   가. 사업을 대표하고 사업을 총괄하는 권한과 책임이 있는 사람 또는 이에 준하여 안전보건에 관한 업무를 담당하는 사람
>   나. 중앙행정기관의 장, 지방자치단체의 장, 「지방공기업법」에 따른 지방공기업의 장, 「공공기관의 운영에 관한 법률」 제4조부터 제6조까지의 규정에 따라 지정된 공공기관의 장

"사업주"는 사업을 운영하는 주체를 의미하고 영리 목적인지 아닌지, 개인인지 법인인지를 구분하지 않고 모두 포함된다. 기업뿐만 아니라 병원·학교·정부·NGO 등도 포함된다. 다만 앞서 본 대로 제3조 이하부터는 "사업주"란 "개인 사업주"만 의미하게 되고, 법인 사업주는 "법인 또는 기관"으로 표현되므로 유의해야 한다.

이 법에서 정하는 의무를 지는 주체는 사업주가 개인인 경우 사업자 본인이고 법인 또는 기관은 "경영책임자등"이다. 경영책임자등은 두 가지로 구분된다.

첫째, "사업을 대표하고 사업을 총괄하는 권한과 책임이 있는 사람"이다. 가장 흔한 경우가 주식회사의 대표이사다. 산업안전보건법 위반이 문제 되는 형사 사건에서는 "안전보건관리책임자"(제15조제1항, 개별 사업장을 관리하는 사람)가 지정돼 있는 이상 대표이사가 처벌되는 경우가 거의 없다. 반면 이 법에서는 전체적으로 사업을 대표하고 사업을 총괄하는 권한과 책임이 있는 사람이 이 법에서 정하는 의무를 진다고 정한다. 그럼으로써 산업안전보건법과는 달리 개별 사업장의 책임자가 아니라, 전체 사업을 대표하는 사람에게 의무를 지우고 그에 따르는

책임도 지운다.

둘째, "이에 준하여 안전보건에 관한 업무를 담당하는 사람"이다. 안전보건에 관한 사항에 한정해 개별 사업장이 아니라 사업 전체에 관해 대표성을 갖고, 조직·인력·예산에 관한 총괄적인 권한과 최종적인 의사결정 권한을 위임받은 경우에만 여기에 해당한다. 형식적인 위임전결 규정뿐만 아니라, 실질적으로 누가 권한을 행사했는지를 따지게 된다.

다만 "중앙행정기관의 장, 지방자치단체의 장, 지방공기업법에 따른 지방공기업의 장, 공공기관의 운영에 관한 법률 제4조부터 제6조까지의 규정에 따라 지정된 공공기관의 장"에 관해서는 법에서 경영책임자등을 직접 지정하고 있다. 이 경우에는 "이에 준하여 안전보건에 관한 업무를 담당하는 사람"이 있는지를 따지지 않고 법에서 지정된 사람이 의무를 진다.

Q&A ❹ 경영책임자를 구별하기 어려운 경우 누구를 경영책임자로 볼까

고용노동부는 2021년 11월 발간한 해설서에서 몇 가지 유형에 관해 설명하고 있다.

① **'공동대표'를 두고 있는 경우**: "사업을 대표하고 사업을 총괄하는 권한과 책임이 있는 사람"이 2명 이상인 경우도 있을 수 있다(민법 제59조, 상법 제208조 참조). 이 경우 일차적으로는 복수의 사람이 "경영책임자등"에 해당한다고 볼 수 있다. 다만 1) 직무 2) 책임과 권한 3) 기업의 의사결정 구조 등을 실질적으로 따져서 1명으로 좁혀 볼 수 있다.

② **하나의 법인에 복수의 사업부문을 두는 경우**: 하나의 법인 내에 각각의 사업을 "대표하고 총괄하는 권한과 책임이 있는 사람"이 따로 있다고 볼 수 있는지는 논란의 소지가 있다. 고용노동부는 "각 사업부문이 독립성을 가지고 분리돼

있어 별개의 사업으로 평가될 수 있는 경우"라면 그렇게 볼 수 있을 것이라고 한다. 그러나 실질적인 의사결정권자를 처벌하기 위한 이 법의 취지를 생각하면 고용노동부의 견해와 같이 쉽게 단정 지을 수 있는 문제는 아니다. 복수의 사업부문이 있는지에 관해서는 정리해고에 관한 대법원 판결을 참고해 판단할 필요가 있다.[4] 이 엄격한 기준을 통과한 경우에만 각자 사업을 대표한다고 볼 수 있을 것이다.

③ **복수의 사업부문에 대표가 있으면서 법인을 대표하고 사업 전체를 총괄하는 총괄대표가 별도로 있는 경우**: 원칙적으로는 위 ②의 기준과 동일하게 판단하게 된다. 다만 여러 사업부문을 총괄하는 사항에 관해 의사결정을 총괄대표가 하는지, 아니면 각 사업의 대표가 공동으로 하는지, 각 사업의 대표는 형식적으로 하고 실질적으로는 총괄대표가 하는지를 따져야 한다.

Q&A ⑤ 학교의 경영책임자는 누구일까

고용노동부는 2021년 11월 발간한 해설서에서 다음과 같이 설명한다.

① 국립학교
- 국가가 설립·경영하는 국립학교 중 국립대학: 국립대학 총장
- 개별 법률에 따라 법인으로 설립된 국립대학 법인인 서울대학교·인천대학교: 총장
- 그 외 국립 초·중·고등학교: 각 중앙행정기관의 장

---

4 대법원 2006. 9. 22. 선고 2005다30580 판결: 한 법인의 사업부문이 다른 사업부문과 인적·물적·장소적으로 분리·독립돼 있고 재무 및 회계도 분리돼 있을 뿐만 아니라 노동조합도 각 사업부문별로 조직돼 있고, 경영여건도 서로 달리하고 있다면 그 사업부문만을 따로 떼어 긴박한 경영상의 필요 여부를 판단할 수 있다.

예) 국립국악고등학교는 문화체육관광부, 구미전자공업고등학교는 중소기업벤처부, 부산해사고등학교는 해양수산부, 선진학교·한국우진학교는 교육부

② 공립학교
- 교육감(관련 법령상 지방자치단체의 교육·학예에 관한 사무를 대표하고 사무를 총괄하는 권한과 책임이 있는 사람)

③ 사립학교
- 학교법인의 이사장

④ 국립대학병원
- 국립대학병원 원장(국립대학병원 설치법이나 서울대학교병원 설치법에서 원장이 대학병원을 대표하고 업무를 총괄하도록 정하고 있음)

6. 의무의 범위

중대재해처벌법

제4조(사업주와 경영책임자등의 안전 및 보건 확보의무) ① 사업주 또는 경영책임자등은 사업주나 법인 또는 기관이 실질적으로 지배·운영·관리하는 사업 또는 사업장에서 종사자의 안전·보건상 유해 또는 위험을 방지하기 위해 그 사업 또는 사업장의 특성 및 규모 등을 고려해 다음 각 호에 따른 조치를 해야 한다.(각 호 생략)

제5조(도급, 용역, 위탁 등 관계에서의 안전 및 보건 확보의무) 사업주 또는 경영책임자등은 사업주나 법인 또는 기관이 제3자에게 도급, 용역, 위탁 등을 행한 경우에는 제3자의 종사자에게 중대산업재해가 발생하지 아니하도록 제4조의 조치를 해야 한다. 다만, 사업주나 법인 또는 기관이 그 시설, 장비, 장소 등에 대해 실질적으로 지배·운영·관리하는 책임이 있는 경우에 한정한다.

이 법에서 가장 핵심적인 내용은 사업주 또는 경영책임자등이 지는 의무의 내용과 그 범위이다. 의무의 내용은 다음 장에서 상세히 다루는 만큼 여기서는 어느 범위에서 의무를 지는지를 살펴보겠다.

가. 제4조에서 정하는 의무범위

앞서 본 바와 같이 "종사자"란 여러 단계에 걸친 수급인의 근로자와 특수고용 근로자까지를 포함한다. 그렇다면 도급인이 "실질적으로 지배·운영·관리하는" 범위는 어디까지일까? 이 개념을 이해하기 위해서는 산업안전보건법을 볼 필요가 있다. 산업안전보건법은 제2조제6호에서 "도급"을 정의하면서 "명칭에 관계없이 물건의 제조·건설·수리 또는 서비스의 제공, 그 밖의 업무를 타인에게 맡기는 계약"이라고 설명한다. 그리고 제7호에서는 "도급인"의 개념을 정의하며 "물건의 제조·건설·수리 또는 서비스의 제공, 그 밖의 업무를 도급하는 사업주를 말한다. 다만 건설공사발주자는 제외한다"고 규정해 위에서 정의한 "도급"을 하는 사람이 도급인이라고 설명하면서도, 건설공사 발주자는 제외한다.

산업안전보건법 제10조제2항에서는 "도급인의 사업장"이란, "도급인이 제공하거나 지정한 경우로서 도급인이 지배·관리하는, 대통령령으로 정하는 장소를 포함한다"고 정한다(대통령령에서는 21개 위험 장소 명시). 산업안전보건법 제63조에서는 "도급인은 관계수급인 근로자가 도급인의 사업장에서 작업을 하는 경우에 자신의 근로자와 관계수급인 근로자의 산업재해를 예방하기 위해 안전 및 보건 시설의 설치 등 필요한 안전조치 및 보건조치를 해야 한다. 다만 보호구 착용의 지시 등 관계수급인 근로자의 작업행동에 관한 직접적인 조치는 제외한다"고 규정한다.

마지막으로 산업안전보건법 제167조제1항에서는 자신의 근로자가 사망한 경우(제38조, 제39조 위반)뿐만 아니라 관계수급인의 근로자가 사망한 경우여도 도급인에게 7년 이하 징역 또는 1억원 이하 벌금에 처한다고 정한다. 정리하자면 산업안전보건법상 도급인은 "도급인의 사업장"에서 작업하는 관계수급인의 근로자에 대해서는 도급인 자신의 근로자와 마찬가지로 안전한 업무환경을 만들어야 하는 책임을 진다.

산업안전보건법상 "도급인의 사업장"을 더 자세히 살펴본다. 고용노동부는 도급에 관해 "도급인의 업무에 해당한다면 사업목적과 ① 직접적 관련성이 있는 경우뿐만 아니라 ② 직접적으로 관련이 없는 경우에도 도급에 포함된다"고 설명한다. 그리고 위 ②의 예시로 1) 기계장치, 전기·전산설비 등 생산설비에 대한 정기적·일상적인 정비·유지·보수 등 2) 경비·조경·청소 등 용역서비스, 통근버스·구내식당 등 복리후생시설 운영 등이라고 설명한다(2020년 3월 '도급 시 산업재해예방 운영지침' 12면 참조). 그러니까 설비의 유지보수 업무나 청소 등 용역서비스 업무를 도급 준 경우라고 하더라도, 도급인의 사업장 안에서라면 도급인이 산업안전보건법상 책임을 진다는 것이다.

다시 이 법으로 돌아와 살펴본다. 이 법은 도급에 관해 별도의 정의규정을 두고 있지 않다. 더군다나 산업안전보건법에서는 "지배·관리"라는 개념을 사용하고 있지만, 이 법에서는 도급인이 "운영"하는 경우까지도 책임 범위에 포함하고 있다. 그리고 산업안전보건법과는 다르게 장소의 종류도 한정하지 않고 있다. 따라서 법에서 정한 대로 도급인이 "실질적으로 지배·운영·관리"하는 곳이라면 책임을 지고, 장소 역시 도급인의 사업장 내부가 아니어도 상관없다고 볼 수 있다.

<표 3> 법령별 도급인의 의무 비교

	산업안전보건법상 도급인의 의무	중대재해처벌법상 도급인의 의무
범위	도급인의 사업장 (사업장 내부가 아니어도, 도급인이 제공하거나 지정한 경우로서 도급인이 지배·관리하는 21개 장소를 포함)	법인 또는 기관이 실질적으로 지배·운영·관리하는 사업 또는 사업장
보호대상	수급인의 근로자 (여러 단계에 걸친 하도급이어도 상관없음)	수급인, 수급인의 근로자, 수급인의 특수고용 노동자 (여러 단계에 걸친 하도급이어도 상관없음)

나. 제5조에서 정하는 의무범위

제5조는 제4조와 구분해서 해석해야 의미가 정확히 이해된다. 제5조를 보면, 도급인이 "실질적으로 지배·운영·관리하는 사업 또는 사업장"이 아니어도 "그 시설, 장비, 장소 등에 대해 실질적으로 지배·운영·관리하는 책임"이 있는 경우라면 제3자의 종사자에 대해서 제4조에서 정한 의무를 진다고 정한다. 제4조가 적용되는 경우라면 제5조는 적용될 수가 없다. 다만 아직까지 제5조가 적용돼 기소된 사례는 없다.

Q&A 6 제5조에서 말하는 제3자의 종사자는 구체적으로 누구일까

고용노동부 해설서(2021년 11월 발행)에서는 도급인 등이 실질적으로 지배·운영·관리하는 사업 또는 사업장이 아니더라도 해당 작업과 관련한 시설·장비·장소 등에 대해 "소유권, 임차권, 그 밖에 사실상의 지배력을 행사하고 있는 경우"라면 제5조에 해당될 수 있다고 설명한다(109면).

대검찰청 자료에서는 구체적인 사례를 든다. 예를 들어 사업장 밖에 설치된 안전시설이나 주요 설비로서 수급인이 임의로 설치·해체 및 변경할 수 없거나 도급인과 협의해야 가능한 경우에는 도급인의 지배·관리 범주에 해당하므로 위 장소에서 중대재해가 발생하면 법 제5조가 적용될 것이라고 설명한다.
이와 달리 1) 수급인이 스스로 작업장소나 시설·설비 등을 소유하거나 도급인이 아닌 제3자에게 임차해 사용하는 경우 2) 시설·설비 및 장비에 대한 시설변경 및 안전장치의 설치·해체를 수급인의 필요에 따라 수급인이 임의로 결정해 실행할 수 있는 경우 등은 도급인의 실질적인 지배·관리 영역 밖으로 보아야 하므로 법 제5조가 적용되기 어렵다고 본다.

다. 건설공사 발주자의 책임

앞서 본 대로 산업안전보건법에서는 "도급" 개념을 매우 폭넓게 정의해서 건설공사의 발주도 포함하면서도, 정작 의무의 주체인 "도급인"에서는 건설공사 발주자를 제외하고 있다. 건설공사 발주자란 건설공사를 도급하는 자이면서도 건설공사의 시공을 주도해 총괄·관리하지 아니하는 자를 말한다. 다만 도급받은 건설공사를 다시 도급하는 자는 제외된다(제2조 제10호).

즉 "건설공사의 시공을 주도해 총괄·관리하지 아니하는 자"의 개념이 중요하다. 고용노동부는 ① 공사가 사업의 유지 또는 운영에 필수적인 업무인지 ② 공사가 상시적으로 발생하거나 이를 관리하는 부서 등 조직을 갖췄는지 ③ 공사가 예측 가능한 업무인지 등 다양한 요인을 종합적으로 고려해 판단한다고 설명한다(2020년 3월 '도급시 산업재해예방 운영지침' 19면). 쉽게 설명하면, 건설공사를 발주했지만 작업 일정이나 작업 방법에 크게 관여하지 않는 경우에는 현장에 관한 지배력이 떨어지므로, 산업안전보건법상 도급인의 책임을 지우지 않겠다는 의미다.

그런데 산업안전보건법상 건설공사 발주자여도 이 법 제4조에서 정하는 "실질적으로 지배·운영·관리하는 사업 또는 사업장"의 경우, 또는 제5조에서 정하는 대로 "시설, 장비, 장소 등에 대해 실질적으로 지배·운영·관리"하는 경우라면 이 법 제4조에서 정한 의무를 지게 된다. 즉 산업안전보건법상 도급인이 아니라고 하더라도 이 법 제4조와 제5조의 의무를 지는 경우가 있을 수 있다는 점에 유의해야 한다.

7. 처벌조항에 관한 이해

> **중대재해처벌법**
>
> **제6조(중대산업재해 사업주와 경영책임자등의 처벌)** ① 제4조 또는 제5조를 위반하여 제2조제2호가목의 중대산업재해에 이르게 한 사업주 또는 경영책임자등은 1년 이상의 징역 또는 10억원 이하의 벌금에 처한다. 이 경우 징역과 벌금을 병과할 수 있다.
> ② 제4조 또는 제5조를 위반하여 제2조제2호나목 또는 다목의 중대산업재해에 이르게 한 사업주 또는 경영책임자등은 7년 이하의 징역 또는 1억원 이하의 벌금에 처한다.
> ③ 제1항 또는 제2항의 죄로 형을 선고받고 그 형이 확정된 후 5년 이내에 다시 제1항 또는 제2항의 죄를 저지른 자는 각 항에서 정한 형의 2분의 1까지 가중한다.
>
> **제7조(중대산업재해의 양벌규정)** 법인 또는 기관의 경영책임자등이 그 법인 또는 기관의 업무에 관해 제6조에 해당하는 위반행위를 하면 그 행위자를 벌하는 외에 그 법인 또는 기관에 다음 각 호의 구분에 따른 벌금형을 과(科)한다. 다만, 법인 또는 기관이 그 위반행위를 방지하기 위하여 해당 업무에 관하여 상당한 주의와 감독을 게을리하지 아니한 경우에는 그러하지 아니하다.
> 1. 제6조제1항의 경우: 50억원 이하의 벌금
> 2. 제6조제2항의 경우: 10억원 이하의 벌금

가. 일반적인 설명

제6조제1항에 따라 사업주 또는 경영책임자등이 제4조 또는 제5조에서 정한 의무를 위반해서 사망자가 1명 이상 발생하면 1년 이상의 징역 또는 10억원 이하의 벌금에 처해지고, 징역과 벌금이 같이 선고될 수 있다(병과). 유기징역의 경우 벌금과 달리 상한선이 없으므로 일반법인 형법에서 정한 상한선인 50년까지 선고가 가능하다(형법 제42조).

제6조제2항에 따라 제2조제2호나목 또는 다목의 중대산업재해, 즉 부상자가 2명 이상 또

는 직업성 질병자가 3명 이상 발생하면 상한선 7년 이하의 징역 또는 1억원 이하의 벌금에 처해지고 이 경우는 병과가 불가능하다.

제6조제3항에 따라 제1항 또는 제2항의 죄로 형을 선고받고 그 형이 확정된 후 5년 이내에 다시 제1항 또는 제2항의 죄를 저지르면 각 항에서 정한 형의 2분의 1까지 가중처벌을 받는다. 제1항의 범죄로 유죄판결을 받고 형이 확정된 후 5년 이내에 제1항의 죄를 저지른 경우 가중처벌받는다는 것은 쉽게 이해할 수 있다. 그런데 제2항에 해당하는 사망자가 미발생한 첫 번째 범죄로 처벌을 받았고, 두 번째 범죄가 제1항에 해당하는 경우여도, 제1항의 범죄에 형을 선고할 때는 가중처벌을 받을 수 있다는 점에 유의해야 한다.

제7조는 개인 사업주가 아닌 경우 즉 경영책임자등의 범죄에 관해 법인 또는 기관이 양벌규정으로 처벌되는 경우다. 이 경우 "그 위반행위를 방지하기 위해 해당 업무에 관해 상당한 주의와 감독을 게을리하지 아니한 경우"가 아닌 이상 그 법인 또는 기관은 제6조제1항(사망)의 경우 50억원 이하의 벌금, 제6조제2항(사망 이외)의 경우 10억원 이하의 벌금에 처해진다. 일반적으로 양벌규정은 실무자가 범죄행위를 저질렀을 때 감독을 제대로 하지 않은 그 법인 또는 기관에도 책임을 묻기 위한 취지다. 그런데 이 법상의 행위자는 최고경영자급인 "경영책임자등"이다. 따라서 법인 또는 기관이 이들의 범죄를 막기 위한 책임을 충분히 다했음에도 범죄가 발생한 경우를 상상하기는 어렵다.

이상은 법 내용에 관한 일반적인 설명이다. 이하에서는 수사 실무와 인과관계, 그리고 고의의 내용에 관한 설명을 하겠다. 법리적인 설명이기는 하지만 이 부분은 실제 수사와 재판과정을 이해하려면 꼭 알고 넘어가야 한다.

나. 실제로 수사는 어떻게 진행될까

우선 산업안전보건법으로 수사받는 경우를 살펴보자. 사망사고가 발생하면 고용노동부 근로감독관(산업안전보건법과 중대재해처벌법)과 경찰(형법상 업무상과실치사상죄)이 각각 수사한다. 왜 2개 기관이 수사하는 걸까? 그리고 누가 처벌을 받게 될까?

고용노동부는 산업안전보건법상 안전조치(제38조), 보건조치(제39조) 의무 위반이 있는지, 의무 위반과 사망의 인과관계가 있는지를 수사한다. 실제로는 제38조, 제39조를 구체적으로 정하도록 위임받은 산업안전보건기준에 관한 규칙(총 673개 조문) 위반이 문제 된다.

그런데 산업안전보건법 제38조, 제39조에서 정한 의무는 "사업주"가 진다고 정한다. 사업주는 누구일까. 개인이 운영하는 경우는 그 개인이 사업주다. 법인이 운영하는 경우에는 그 법인이 사업주다. 예를 들면 현대자동차 주식회사의 경우에는 대표이사인 아무개가 사업주가 아니라 법인인 현대자동차 주식회사가 사업주다. 즉, 산업안전보건법을 위반해서 근로자를 사망에 이르게 하면 7년 이하 징역 또는 1억원 이하 벌금에 처한다고 정하지만 '누가' 위반했는지를 따져 본다면 1차적으로는 사업주인 법인이 이 법을 위반한 것이다. 여기서 문제가 발생한다.

우리 법은 영미법과 달리 '법인'만 처벌하지 않는다. 그래서 살아 있는 사람(자연인)이 의무를 위반한 사실이 있어야 하고, 사업주는 자연인의 위반을 막기 위한 감독을 게을리한 경우에 처벌받는다. 이것이 양벌규정이다.

산업안전보건법도 결국 자연인 중에서 누가 의무를 위반했는지를 먼저 찾아야 한다. 사업의 규모가 작은 경우라면 대부분 대표자가 직접 의무를 위반했다고 본다. 본인이 산업안전보건법 위반 사실을 몰랐다고 변명하더라도 별로 설득력이 없기 때문이다. 그러나 사업의 규모가 크고 사업장도 여러 곳에 있는 경우라면 대표자가 "다른 사항도 많은데 어떻게 산업안전보건법 위반까지 알 수 있겠냐"고 변명하는 것이 설득력을 가질 수 있다.

그리고 이러한 경우라면 "대표자가 법을 위반했다는 사실을 알기 어려워서 법 위반에 대한 고의가 없다"는 이유로 처벌을 하지 않게 된다. 실무상 산업안전보건법상 "안전보건관리책임자"로 지정된 사람이 있다면(사업소장, 공장장 등) 그 사람이 산업안전보건법을 위반한 것으로 본다.[5]

이상은 산업안전보건법상 수사와 재판 실무에 관한 설명이다. 그런데 사고의 원인이 꼭 산업안전보건법 위반이 아닐 수도 있다. 그런 행위는 형법에서 정하는 업무상과실치사상죄로 처

---

5 다만, 근로감독관 집무규정(산업안전보건) 제34조에서는 "양벌규정을 적용하는 경우에는 사업주가 법인이면 특별한 사유가 없는 한 법인의 대표자를 행위자로 본다. 다만, 법인 또는 법인의 대표자에게 권한을 위임받은 경우에는 그 내용, 지위 및 책임 그 밖에 필요한 사항을 확인하여 행위자를 판단하여야 한다"고 정한다. 즉 근로감독관은 원칙적으로는 대표자를 행위자로 보고 수사를 하게 될 것이다.

벌받게 된다.[6]

대법원은 "업무"란 사람의 사회생활면에서 하나의 지위로서 계속적으로 종사하는 사무를 말하고, 직무 자체가 위험성을 갖기 때문에 안전 배려를 의무의 내용으로 하는 경우뿐만이 아니라 사람의 생명·신체의 위험을 방지하는 것을 의무의 내용으로 하는 업무도 포함된다고 본다. 따라서 대표자를 포함해 업무를 지시하는 계통에 있는 사람이 사고에 원인을 제공했다면 업무상과실치사상죄로 처벌될 수 있다.

실무적으로 수사와 기소는 이렇게 진행된다. 사고 원인을 A·B·C로 규명했는데, A·B만 산업안전보건법 위반에 해당하면 검사는 A·B는 산업안전보건법과 형법 위반으로, C는 형법 위반으로 기소하게 된다. 혹시라도 산업안전보건법 규정 위반에 해당하지 않는 경우를 대비해 A와 B의 형법 위반도 같이 기소한다.

이제 중대재해처벌법에 관해서 보자. 이 법은 경찰이 아니라 고용노동부 근로감독관이 수사한다(사법경찰직무법 제6조의2 제1항). 이 법의 내용 상당수가 산업안전보건법과 관계돼 있으므로 고용노동부가 수사를 담당하게 됐다. 우선 고용노동부 근로감독관은 산업안전보건법 위반이 없는지를 상세히 따져 보고 "경영책임자등"에 한정해서 이 법에서 정하는 의무 위반이 없는지를 검토하게 된다. 이 법에 관한 수사는 일선 고용노동지청이 아니라, 서울·부산·대전·대구·광주·중부·경기지방고용노동지청 등 7개 기관에 있는 광역중대재해수사과에서 전담한다는 점을 유의해야 한다.

다. "고의"가 있어야 처벌된다!

이 부분도 산업안전보건법을 먼저 이해할 필요가 있다. 대법원은 피고인이 산업안전보건법을 위반하는 작업이 있었더라도 △안전조치를 취하지 않은 채 하도록 지시하거나 △그 안전조

---

[6] 형법 제268조(업무상과실·중과실치사상) 업무상 과실 또는 중대한 과실로 사람을 사망이나 상해에 이르게 한 자는 5년 이하의 금고 또는 2천만원 이하의 벌금에 처한다.

치가 취해지지 않은 상태에서 위 작업이 이루어지고 있다는 사실을 알면서 방치하는 등 그 위반행위가 사업주에 의해 이루어졌다고 인정되는 경우에 한해 성립하는 것이지, 단지 사업주의 사업장에서 위와 같은 위험성이 있는 작업이 필요한 안전조치가 취해지지 않고 이루어졌다는 사실만으로 성립하는 것은 아니라는 태도다(대법원 2007. 3. 29. 선고 2006도8874 판결).[7]

이러한 판결에 기대어 사용자 측은 산업안전보건법 위반으로 수사와 재판을 받더라도 △평소에 철저히 교육을 시켰지만 지시를 위반해 업무를 했다, 혹은 △시키지 않은 일을 선의로 하다가 사고가 발생했다는 등 예정된 작업이 아니라거나 근로자가 이례적·돌발적으로 작업한 것이라고 주장해 왔다. 그리고 이 주장이 받아들여진다면 의무 위반에 관한 고의가 없다는 이유로 처벌을 피했다.

그러나 문제 되는 작업에 관해 사업주 측이 실제로 인식했는지에 따라서 처벌 여부가 달라지는 것은 아니다. 대법원은 사업장에서 안전조치가 취해지지 않은 상태에서 작업이 이루어지고 있고 향후 그러한 작업이 계속될 것이라는 사정을 미필적으로 인식하고서도 이를 그대로 방치하고, 이로 인해 사업장에서 안전조치가 취해지지 않은 채로 작업이 이루어졌다면 사업주가 그러한 작업을 구체적·개별적으로 지시하지 않았더라도 처벌된다고 본다(대법원 2010. 11. 25. 선고 2009도11906 판결).

즉 그날의 작업에 관해서 구체적으로 지시했는지 여부가 중요한 것이 아니라, 평소에 산업안전보건법상 조치의무가 이행되지 않은 상태에서 작업이 진행되고 있음을 알고 있었고 앞으로도 의무가 지켜지지 않은 채로 반복되리라는 사정을 알았다면 처벌될 수 있다. 결국 '평소에 인식했는지'를 살펴보기 위해서 수사 과정에서 작업지시서, 작업지시내역(카카오톡·문자 메시지 등 포함), 업무회의록이나 산업안전보건위원회 회의록 등 여러 자료를 폭넓게 살펴보게 된다.

그리고 안전조치가 이행되고 있는지를 마땅히 알아야 할 지위에 있는 사람이 단순히 몰랐다고 주장하더라도, 이것은 자신이 의무를 다하지 않았다고 자백하는 것밖에 되지 않을 것이

---

7   이 사건에서는 피고인이 외부 출장으로 자리를 비운 사이에 공장장(피해자)이 평소 작업을 거절하던 연료탱크의 용접작업을 의뢰받은 경우 산업안전보건법 위반이 있었다고 하더라도, 피해자가 산업안전보건법을 위반해 업무를 할 것이라고 전혀 예상할 수 없다고 보아 고의가 없음을 이유로 무죄판결을 받았다.

다.[8] 물론 앞서 설명한 대로 산업안전보건법 사건에서는 법인인 사업주의 경우 의무 위반 행위자를 누구로 볼 것인지의 문제가 남는다. 그래서 이를 알아야 하는 지위에 있는 사람이 누구인지, 즉 현장소장이나 공장장 같은 실무책임자인지 아니면 대표자인지는 여전히 문제가 된다.

이제 이 법에서 정하는 의무 위반에 대한 고의에 관해 살펴보자. 이 법은 최종적인 의사결정을 하는 사람이 처벌은커녕 수사도 받지 않았던 종전의 현실에 문제가 있다는 인식에서 출발했다. 산업안전보건법의 경우 사업주의 의무 위반으로 사람이 사망한 점이 인정되더라도, 대표자는 의무 위반에 대한 고의가 인정되지 않는다는 이유로 처벌을 피해 왔다. 그래서 이 법에서는 아예 대표자 등 경영책임자가 지는 의무의 내용을 별도로 정함으로써 그러한 의무 위반이 인정되는 이상 고의가 없다고 부인하지 못하도록 법을 만들었다.

따라서 이 법 제4조에서 정하는 의무 위반이 인정되고 그에 따른 결과가 있는 이상 의무 위반에 관한 고의가 없다고 부인하기는 어려울 것이다. 그리고 산업안전보건법에서 정하는 개별적인 의무 위반을 경영책임자등이 알고 있지 못했어도 경영책임자의 고의가 부인되지는 않고, 이러한 사실을 알고 있을 필요도 없다. 이 법상 경영책임자등의 의무는 실무자들이 산업안전보건법상 의무를 잘 이행할 수 있도록 체계를 만들고 관리상의 조치를 하라는 것이지, 경영책임자가 개별법상 의무를 이행할 주체라고 정하는 것은 아니기 때문이다.

라. 인과관계가 인정돼야만 처벌된다!

통상적인 형사처벌은 금지 의무를 위반했을 때 이루어진다. 말하자면 사람을 살해한 자는 사형, 무기, 또는 5년 이상의 징역에 처한다(형법 제250조제1항). 이와 같이 '해서는 안 되는 행위'를 '해서' 처벌되는 경우를 '작위범'이라고 부른다.

---

8 한국전력공사가 구 산업안전보건법상 도급인의 책임을 지는지에 관해 1·2·3심은 모두 긍정했다. 이 사건의 수사 과정에서 한전 측은 자신이 산업안전보건법상 도급인에 해당한다고 생각하지 않았으므로 문제가 된 공사에 관해 안전관리를 할 직원을 두지 않았다고 했다. 이를 두고 법원은 한전 측이 "현장에서 직접 안전관리를 할 직원을 두지 않았다는 점은 피고인들이 사업장의 안전관리를 소홀히 취급했다는 것을 알 수 있는 사정일 뿐 오히려 피고인들이 면책되는 근거가 된다고 보기 어려운 점"이라고 판단했다(청주지방법원 2020. 8. 21. 선고 2019노1244 판결).

그런데 산업안전보건법이나 이 법은 '해야 하는 행위'를 '하지 않아서' 처벌하는데, 이를 '부작위범'이라고 부른다. 형법상 부작위범이란 "위험의 발생을 방지할 의무가 있거나 자기의 행위로 인해 위험 발생의 원인을 야기한 자가 그 위험 발생을 방지하지 아니한 때에는 그 발생된 결과에 의해 처벌한다"는 경우다(형법 제18조). 이때 부작위와 결과 사이의 인과관계가 중요하다. 즉 '해야 하는 행위'를 '했더라면' 결과 발생을 막을 수 있었는지를 검사가 입증해야 유죄 판결을 받게 된다.[9] 즉 이 법으로 처벌되려면 ① 안전보건확보의무 위반 ② 중대산업재해에 해당하는 결과 발생 ③ '①이 ②의 원인'이라는 점이 각각 입증돼야 한다.

산업안전보건법에서도 인과관계가 문제가 됐다. 예를 들어 사업주가 A라는 의무를 위반했고 사망의 결과가 발생했더라도, A 의무 위반이 아니라 다른 원인이 개입돼 사망에 이르렀다면 산업안전보건법 위반에 따른 사망으로 처벌할 수는 없다.[10] 예를 들어 대법원은 사용자가 밀폐공간인 하수관 내 작업을 지시하면서 감시인 지정, 공기호흡기 지급, 작업 전 공기상태 점검 등의 의무 위반이 확인되고 근로자가 질식으로 쓰러져 하수관 바닥에 있던 하수를 흡입해 사망한 사안에서, 근로자 부검 결과 익사나 산소 결핍이 확인되지 않고, 간질병력이 있었던 경우에는 간질로 인해 사망했을 가능성을 배제할 수 없어 안전보건조치의무 위반과 사망의 인과관계를 인정할 수 없다고 판결했다(대법원 2014. 5. 29. 선고 2014도78 판결).

다시 이 법으로 돌아와서 보자. 이 법으로 처벌되려면 검사가 이 법에서 정한 안전보건확보의무 위반과 결과 발생 사이의 인과관계를 입증해야 한다. 여기에 관해서는 두 가지 경우가 있을 수 있다.

먼저 산업안전보건법 위반이 확인된 경우다. 이 경우 사망과 산업안전보건법상 안전보건조치의무 위반의 인과관계가 확인돼야 하고, 실무자의 안전보건조치의무 위반과 경영책임자등의 안전보건확보의무 위반 사이의 인과관계도 입증돼야 한다고 설명하는 견해가 있다. 즉 실무자가 안전보건조치의무를 위반한 것은 경영책임자등이 이 법에서 정한 의무를 지키지 않고 제대로 감독하지 못해서 그랬다는 것이 추가로 입증돼야 한다는 것이다.

---

9   참고로 형법 제17조에서는 "어떤 행위라도 죄의 요소되는 위험발생에 연결되지 아니한 때에는 그 결과로 인해 벌하지 아니한다"고 정한다.
10 물론 사업주 측이 제공한 원인으로 사망한 경우라면 형법상 업무상과실치사죄로 처벌받을 수는 있다..

다음으로 산업안전보건법 위반이 없거나, 혹은 산업안전보건법 위반이 확인되더라도 사망과 인과관계가 없는 경우이다. 그렇다고 하더라도 여전히 이 법상 안전보건확보의무 위반과 사망의 인과관계를 검토해야 한다. 현재 수사실무상으로 산업안전보건법 위반이 없더라도 다른 원인이 없는지를 따져서 형법상 업무상과실치사죄로 처벌이 이뤄진다. 결국 경영책임자등의 의무 위반으로 중대산업재해가 발생했는지는 산업안전보건법상 의무 위반이 있는지, 없는지와는 상관없이 검토돼야 한다.

Q&A 7 산업안전보건법을 지키더라도 중대재해처벌법으로 처벌될 수 있을까

이 법의 의무 내용을 보면 산업안전보건법 위반과 무관하게 처벌이 가능한 경우를 살펴볼 수 있다.

△ 경영책임자등은 사업 또는 사업장 특성에 따라 유해·위험요인을 확인해 개선하는 업무절차를 마련하고 이 절차에 따라 시행되는지를 반기 1회 이상 점검하고 필요한 조치를 할 의무를 진다. 이러한 유해·위험요인은 산업안전보건법상 조치의무에 국한되는 것은 아니다(시행령 제4조제3호).

△ 또한 재해 예방을 위해 필요한 안전·보건에 관한 인력, 시설 및 장비의 구비에 관한 예산편성과 용도에 맞게 집행할 의무를 진다. 여기서 재해 예방이란 꼭 산업안전보건법상 의무이행에만 국한되는 것이 아니다(시행령 제4조제4호가목).

△ 사업 또는 사업장의 안전·보건에 관한 사항에 대해 종사자의 의견을 듣는 절차를 마련하고 재해 예방에 필요하다고 인정되는 경우에는 그 개선방안을 마련해 이행하는지를 반기 1회 이상 점검하고 필요한 조치를 할 의무를 진다. 여기서 "재해 예방에 필요하다고 인정되는 경우" 또한 산업안전보건법상 의무 이행과는 무관한 내용이다(시행령 제4조 제7호).

△ 재해 발생 시 재발방지 대책의 수립 및 그 이행에 관한 조치를 할 의무를 진다(법 제4조제1항제2호). 여기서 재발방지 대책 또한 산업안전보건법상 의무이행으로만 국한되는 것은 아니다.

이처럼 이 법상 안전보건 확보의무는 꼭 산업안전보건법상 의무 위반에 국한되는 것은 아니고, 오히려 더 폭넓게 가능성을 생각해 볼 수 있다. 따라서 앞서 설명된 것처럼 산업안전보건법 의무 위반이 있음을 전제로 2단계의 인과관계를 입증해야 한다는 설명은 현실에 부합한다고 보기 어렵다. 그보다는 이 법상 의무 위반과 중대산업재해 사이의 인과관계 그 자체가 입증돼야 한다.

마. 과연 어떤 경우에 처벌될까

무엇보다 유의해야 할 점은 중대산업재해에 해당하는 결과가 있다고 해서 무조건 처벌되지 않는다는 것이다. 먼저 산업안전보건법이나 형법 위반과는 별도로 경영책임자등의 의무위반이 입증돼야 한다. 그리고 그 의무를 위반해서 중대산업재해가 발생했다는 인과관계도 입증돼야 한다. 검사가 이 모든 사항을 입증할 책임을 진다.

8. 안전보건교육 수강의무

> **중대재해처벌법**
>
> **제8조(안전보건교육의 수강)** ① 중대산업재해가 발생한 법인 또는 기관의 경영책임자등은 대통령령으로 정하는 바에 따라 안전보건교육을 이수하여야 한다.
> ② 제1항의 안전보건교육을 정당한 사유 없이 이행하지 아니한 경우에는 5천만원 이하의 과태료를 부과한다.
> ③ 제2항에 따른 과태료는 대통령령으로 정하는 바에 따라 고용노동부 장관이 부과·징수한다.

안전보건에 관한 범죄를 저지른 경우에 교육을 받도록 강제하는 제도는 이 법에서 최초로 도입된 것이다.

중대산업재해가 발생한 법인 또는 기관의 경영책임자등은 대통령령으로 정하는 안전보건교육을 이수해야 한다. 이들은 총 20시간의 범위에서 고용노동부 장관이 정하는 교육을 이수해야 한다(시행령 제6조제1항). 교육의 내용은 "안전보건관리체계의 구축 등 안전·보건에 관한 경영 방안"과 "중대산업재해의 원인 분석과 재발방지 방안"이 포함된 것이어야 한다(시행령 제6조제2항).

교육을 실시하는 기관은 한국산업안전보건공단 또는 산업안전보건법에 따라 등록된 안전보건교육기관이다(시행령 제6조제3항). 정당한 사유 없이 안전보건교육을 받지 않으면 5천만원 이하의 과태료를 받게 된다.

9. 형 확정 사실의 통보와 공표

> **중대재해처벌법**
>
> **제12조(형 확정 사실의 통보)** 법무부장관은 제6조, 제7조, 제10조 또는 제11조에 따른 범죄의 형이 확정되면 그 범죄사실을 관계 행정기관의 장에게 통보하여야 한다.
>
> **제13조(중대산업재해 발생사실 공표)** ① 고용노동부장관은 제4조에 따른 의무를 위반해 발생한 중대산업재해에 대하여 사업장의 명칭, 발생 일시와 장소, 재해의 내용 및 원인 등 그 발생사실을 공표할 수 있다.
> ② 제1항에 따른 공표의 방법, 기준 및 절차 등은 대통령령으로 정한다.

법무부 장관은 제6조, 제7조, 제10조 또는 제11조에 따른 범죄의 형이 확정되면 그 범죄사실을 관계 행정기관의 장에게 통보해야 한다.

그리고 고용노동부 장관은 제4조에 따른 의무를 위반해 발생한 중대산업재해에 대해 대통령령이 정하는 바에 따라서 "사업장의 명칭, 발생 일시와 장소, 재해의 내용 및 원인 등" 그 발생 사실을 공표할 수 있다. 시행령은 제4조에 따른 의무를 위반해 발생한 중대산업재해로 법 제12조에 따라 범죄의 형이 확정돼 통보된 사업장의 경우에 중대재해 발생사실을 공표한다고 정하고 있다(시행령 제12조제1항). 공표내용은 관보나 고용노동부, 한국산업안전보건공단 홈페이지에 1년 동안 게시된다(시행령 제12조제4항, 제5항).

형이 확정되고 나서 중대산업재해 발생사실을 공표하는 것도 새롭게 도입된 제도다. 참고로 고용노동부 장관은 매년 산업재해가 발생한 사업장 중에서도, 사망자가 연간 2명 이상 발생한 사업장, 사망만인율이 같은 업종·규모별 평균 이상인 사업장 등 5가지 경우에 한정해 공표하고 있다(산업안전보건법 제10조제1항, 시행령 제10조).

다른 나라에서도 재해발생 사실에 대한 정보공개를 통해서 유사 사례에 대한 재발방지를 촉구하고 있다. 영국은 판결이 선고되면 정부가 보도자료 형식으로 재해사업장에 관한 정보와 판결 내용을 상세하게 공개한다.[11] 호주 빅토리아주 또한 판결이 선고되면 보고서 형식으로 사고 내용과 처벌 근거를 상세하게 공개한다.[12] 미국의 경우 재해가 발생한 사업장 명칭, 사고장소, 재해 유형을 공개한다.[13]

10. 징벌적 손해배상

> **중대재해처벌법**
>
> **제15조(손해배상의 책임)** ① 사업주 또는 경영책임자등이 고의 또는 중대한 과실로 이 법에서 정한 의무를 위반하여 중대재해를 발생하게 한 경우 해당 사업주, 법인 또는 기관이 중대재해로 손해를 입은 사람에 대하여 그 손해액의 5배를 넘지 아니하는 범위에서 배상책임을 진다. 다만, 법인 또는 기관이 해당 업무에 관해 상당한 주의와 감독을 게을리하지 아니한 경우에는 그러하지 아니하다.
> ② 법원은 제1항의 배상액을 정할 때에는 다음 각 호의 사항을 고려하여야 한다.
>   1. 고의 또는 중대한 과실의 정도
>   2. 이 법에서 정한 의무위반행위의 종류 및 내용
>   3. 이 법에서 정한 의무위반행위로 인해 발생한 피해의 규모
>   4. 이 법에서 정한 의무위반행위로 인해 사업주나 법인 또는 기관이 취득한 경제적 이익
>   5. 이 법에서 정한 의무위반행위의 기간·횟수 등
>   6. 사업주나 법인 또는 기관의 재산상태
>   7. 사업주나 법인 또는 기관의 피해구제 및 재발방지 노력의 정도

---

11   영국 산업안전보건청(HSE, Health and Safety Executive)이 배포하는 보도자료는 홈페이지(https://press.hse.gov.uk/)에서 볼 수 있다.
12   호주 빅토리아주의 안전보건 규제당국(WorkSafe)이 공개하는 자료는 홈페이지(https://www.worksafe.vic.gov.au/prosecution-result-summaries-enforceable-undertakings)에서 볼 수 있다.
13   미국 산업안전보건청(OSHA, Occupational Safety and Health Administration)이 공개하는 조사자료는 홈페이지(https://www.osha.gov/fatalities)에서 볼 수 있다.

이 법에서는 징벌적 손해배상 제도를 두고 있다. 어느 경우에, 누가 이 책임을 지게 될까?

첫째, "사업주 또는 경영책임자등이 고의 또는 중대한 과실"로 이 법에서 정한 의무를 위반해야 한다. 즉 단순한 부주의인 경과실을 넘어서서 극히 작은 주의만 기울인 탓에 결과 발생을 인식 못 하는 정도인 "중과실"은 있어야 한다고 정한다. 다만 앞서 본 대로 이 법은 의무위반의 고의가 인정돼야 처벌되므로, 과실로 의무를 위반하는 경우는 있을 수가 없다. 정리하자면 이 법으로 처벌받은 경우라면 무조건 "고의"는 인정되므로 징벌적 손해배상 책임을 지게 된다고 이해해도 무방하다고 보인다.

둘째, 손해배상 책임을 지는 자는 "해당 사업주, 법인 또는 기관"이다. 즉 개인인 사업주와 법인 사업주가 책임을 지는 것이다. 다만 법인 또는 기관의 경우에는 "해당 업무에 관해 상당한 주의와 감독을 게을리하지 아니한 경우에는 그러하지 아니하다"고 정해, 감독 책임을 다하지 못한 경우에만 징벌적 손해배상 책임을 진다. 개인 사업주는 자신이 의무를 위반한 것에 관해 다른 누군가 대신 감독해 줄 수 없으므로, 고의 또는 중과실이 인정되는 한 징벌적 손해배상 책임을 진다.

셋째, "손해액의 5배를 넘지 아니하는 범위"라는 상한선이 있다. 최초 제정안에서는 하한선으로 정해져 있었지만, 입법 논의과정에서 상한선으로 변경됐다. 다른 법령에서 정하는 징벌적 손해배상에 따른 판결을 보면 애초에 징벌적 손해배상 책임이 인정되는 경우가 거의 없기도 하지만, 책임이 인정되더라도 상한선에 근접하기는커녕 실제 손해액보다 조금 더 높은 정도로만 판결이 내려지고 있다. 더 큰 문제는 돈으로 환산되는 손해배상액이 기준이 되므로, 정신적 손해와 같이 환산될 수 없는 손해는 여기에 포함되지 아니한다.

넷째로, 손해배상 액수를 정할 때에는 제2항제1호부터 제7호까지의 요소를 고려하라고 정한다. 이는 징벌적 손해배상을 두고 있는 다른 법령이나 판결에서 고려하도록 정하고 있는 요소들이다.

III

사업주와 경영책임자등의 의무 이행 방안

Ⅲ 사업주와 경영책임자등의 의무 이행 방안

1. 안전 및 보건 확보의무란 무엇인가

중대재해처벌법은 사업주·법인·기관이 실질적으로 지배·운영·관리하는 사업 또는 사업장에서 그 종사자의 안전·보건상 유해 또는 위험을 방지하기 위해 사업주와 경영책임자등에게 "안전 및 보건 확보의무"를 부여하고 있다. 따라서 만약 사업주와 경영책임자등이 법에서 정한 안전 및 보건 확보의무를 이행하지 않아 중대산업재해가 발생한 경우 해당 사업주와 경영책임자등이 중대재해처벌법에 따른 처벌 대상이 될 수 있다.

중대재해처벌법

제4조(사업주와 경영책임자등의 안전 및 보건 확보의무) ① 사업주 또는 경영책임자등은 사업주나 법인 또는 기관이 실질적으로 지배·운영·관리하는 사업 또는 사업장에서 종사자의 안전·보건상 유해 또는 위험을 방지하기 위하여 그 사업 또는 사업장의 특성 및 규모 등을 고려하여 다음 각 호에 따른 조치를 하여야 한다.
1. 재해예방에 필요한 인력 및 예산 등 안전보건관리체계의 구축 및 그 이행에 관한 조치
2. 재해 발생 시 재발방지 대책의 수립 및 그 이행에 관한 조치
3. 중앙행정기관·지방자치단체가 관계법령에 따라 개선, 시정 등을 명한 사항의 이행에 관한 조치
4. 안전·보건 관계법령에 따른 의무이행에 필요한 관리상의 조치

② 제1항제1호·제4호의 조치에 관한 구체적인 사항은 대통령령으로 정한다.

제5조(도급, 용역, 위탁 등 관계에서의 안전 및 보건 확보의무) 사업주 또는 경영책임자등은 사업주나 법인 또는 기관이 제3자에게 도급, 용역, 위탁 등을 행한 경우에는 제3자의 종사자에게 중대산업재해가 발생하지 아니하도록 제4조의 조치를 하여야 한다. 다만, 사업주나 법인 또는 기관이 그 시설, 장비, 장소 등에 대하여 실질적으로 지배·운영·관리하는 책임이 있는 경우에 한정한다.

중대재해처벌법상 사업주와 경영책임자등의 안전 및 보건 확보의무는 제4조와 제5조에서 구체적으로 정하고 있다. 특히 제5조는 사업주나 법인 또는 기관이 제3자에게 도급·용역·위탁 등을 행한 경우 제3자의 종사자에 대해서도 안전 및 보건 확보의무를 이행하도록 정하고 있다. 따라서 사업주와 경영책임자등의 안전 및 보건 확보의무는 직접고용한 노동자뿐만 아니라 도급·용역·위탁 등 제3자와 계약관계 속에서 노동을 제공하는 모든 사람(수급인, 수급인 소속 노동자, 수급인에게 노동을 제공하는 자 등)에게 적용된다.

다만 제3자의 종사자에 대한 안전 및 보건 확보의무는 원청 사업주와 경영책임자등이 하청을 실질적으로 지배·운영·관리하는 경우에 한정해 적용된다. 여기서 실질적으로 지배·운영·관리한다는 것의 의미는 시설·장비·장소·인력·예산 등에 대한 실질적 결정권을 행사하는 것을 의미한다.

중대재해처벌법 제4조는 안전 및 보건 확보의무를 이행하기 위한 조치들을 구체적으로 정하고 있다. 이에 따라 사업주와 경영책임자등은 "재해 예방에 필요한 인력 및 예산 등 안전보건관리체계의 구축 및 그 이행에 관한 조치" "재해 발생 시 재발방지 대책의 수립 및 그 이행에 관한 조치" "중앙행정기관·지방자치단체가 관계법령에 따라 개선·시정 등을 명한 사항의 이행에 관한 조치" "안전·보건 관계법령에 따른 의무이행에 필요한 관리상의 조치"를 취해야 한다. 특히 "재해 예방에 필요한 인력 및 예산 등 안전보건관리체계의 구축 및 그 이행에 관한 조치"와 "안전·보건 관계법령에 따른 의무이행에 필요한 관리상의 조치"는 대통령령에서 구체적인 사항을 정하고 있다.

이하에서는 사업주와 경영책임자등이 중대재해처벌법에서 정한 안전 및 보건 확보의무를 제대로 이행하기 위해 구체적으로 무엇을 해야 하는지 살펴본다.

2. 안전보건관리체계란 무엇인가

가. 개념

중대재해처벌법에서는 사업장에서 일하는 종사자의 안전보건을 확보할 사업주와 경영책임자등의 의무로 "안전보건관리체계를 구축하고 그 이행에 관한 필요한 조치를 하라"고 명시하고 있다.(법 제4조제1항제1호)

그렇다면 중대재해처벌법에서 말하는 "안전보건관리체계"란 무엇을 말하는 것일까.

중대재해처벌법에서 말하는 안전보건관리체계란 기업 스스로 사업장에서 일하는 사람의 안전과 건강을 보호하기 위해 사업장 내 유해·위험요인을 찾아내 이를 제거하거나 위험하지 않은 상태가 될 때까지 안전하게 통제할 방안을 마련하는 등의 활동을 지속적이고 체계적으로 할 수 있는 기업의 자율적인 안전보건관리시스템을 말한다.

즉 안전보건관리시스템이란 최고경영책임자가 안전보건 목표 및 방침을 선언하고 이에 대한 실행계획(안전보건관리계획)을 수립(Plan)하면, 전 구성원이 안전보건 활동을 수행(Do)하고, 그 수행 결과를 주기적으로 점검·평가하고(Check) 실행하는(Action) 일련의 순환과정(P-D-C-A)을 말한다.

중대재해처벌법에서는 안전보건관리체계 구축을 경영책임자의 핵심 의무사항으로 규정하고, 시행령에서 안전보건관리체계를 구축하기 위한 아홉 가지 과제를 구체화하고 있다. 따라서 경영책임자는 기업의 특성과 조직에 맞게 독자적인 안전보건관리체계를 구축하되, 중대재해처벌법 시행령에서 정한 아홉 가지 의무사항은 반드시 안전보건관리체계 구축 시 반영해야 한다.

중대재해처벌법 시행령에서 정한 안전보건관리체계 구축을 위한 9가지 핵심 의무사항

① 안전·보건 목표와 경영방침의 설정
② 안전·보건 업무를 총괄·관리하는 전담 조직의 설치
③ 유해·위험요인 확인 개설 절차 마련, 점검 및 필요한 조치
④ 재해예방에 필요한 안전보건에 관한 인력, 시설, 장비 구비와 유해·위험요인 개선에 필요한 예산 편성 및 집행
⑤ 안전보건관리책임자 등의 충실한 업무수행 지원(권한과 예산 부여, 평가기준 마련 및 평가관리)
⑥ 산업안전보건법에 따른 안전관리자·보건관리자 등 전문 인력 배치
⑦ 종사자 의견청취 절차 마련, 청취 및 개선방안 마련, 이행 여부 점검
⑧ 중대산업재해 발생 시 조치 매뉴얼 마련 및 조치 여부 점검
⑨ 도급·용역·위탁 시 산재예방 조치 능력 및 기술에 관한 평가기준·절차 및 안전보건 관리비용 기준 마련, 업무수행기간 관련 기준 마련, 이행 여부 점검

중대재해처벌법에서는 안전보건관리체계 구축 및 이행이 특정 안전보건담당 부서 또는 안전보건담당자들만의 업무로 치부되지 않도록 안전보건관리체계를 구축하고 이행 조치하는 전 과정에서 경영책임자가 반기별로 직접 확인·점검할 의무를 일곱 가지로 정하고 있다.

중대재해처벌법에 명시돼 있는 경영책임자의 반기별 점검 및 평가 의무

① 유해·위험요인 개선 업무절차에 따른 유해·위험요인의 확인 및 개선에 대한 점검의무(시행령 제4조제3호)
② 안전보건관리책임자 등이 해당 업무를 충실하게 수행하는지 점검할 의무(시행령 제4조제5호)
③ 안전·보건에 관한 사항에 대한 종사자의 의견을 듣는 절차를 마련하고, 해당 절차에 따라 의견청취 및 개선 방안을 마련하는지 점검할 의무(시행령 제4조제7호)
③ 안전·보건에 관한 사항에 대한 종사자의 의견을 듣는 절차를 마련하고, 해당 절차에 따라 의견청취 및 개선 방안을 마련하는지 점검할 의무(시행령 제4조제7호)

④ 중대재해 및 급박한 위험에 대비한 매뉴얼을 마련하고, 이에 따라 적절한 조치가 이뤄지는지 점검할 의무(시행령 제4조제8호)
⑤ 업무를 도급·용역·위탁하는 경우 해당 종사자의 안전·보건 확보를 위한 기준 및 절차가 정상적으로 작동하는지 점검할 의무(시행령 제4조제9호)
⑥ 안전·보건 관계법령에 따른 의무를 이행했는지 점검할 의무(시행령 제5조제1호)
⑦ 유해·위험한 작업에 관한 안전보건교육을 실시했는지 점검할 의무(시행령 제5조제3호)

나. 체계 구축 시 고려해야 할 사항

(1) 사업장 특성을 반영한 안전보건관리체계 구축이 중요하다

안전보건관리체계 구축에서 가장 중요한 것은 업종, 규모, 조직 특성, 주요 유해·위험작업공정 등을 고려해 기업의 특성과 여건에 맞게 자율적으로 구축하는 것이다.

제조업은 제조업 특성에 맞게, 건설업은 건설업 특성에 맞게, 공공기관 및 자치단체는 공공기관의 특성에 맞게 구축해야 한다. 대기업과 같이 규모가 크고 사업장이 여러 군데 분산돼 있는 경우에는 본부에 안전보건전담 조직을 구성하는 등 가능한 공식적이고 체계적인 안전보건관리체계를 구축하는 것이 좋다.

반면에 안전보건전담 부서나 안전보건담당자조차 제대로 갖추기 힘든 소규모 사업장은 형식적인 안전보건관리체계보다는 산업안전보건법에서 정한 가장 필수적인 안전보건조치(산업안전보건법령)부터 이행할 수 있는 심플하고 효율적인 체계를 구축하는 것이 중요하다.

(2) 건설업은 복잡한 안전보건관리체계에 대한 제도적·법률적 정비가 필요하다

건설업은 하나의 건설 현장에 발주기관·시행사·감리업체·원청사(시공사)·협력업체(부문공사) 등이 각각의 역할을 가지고 공사에 참여하다 보니 재해를 예방하기 위한 안전보건관리체계도 복잡하다. 특히 유해·위험요인을 파악하거나 이를 제거·통제하는 과정에서 발생하는 안전보건상의 책임 소재가 업체 간에 서로 중첩돼 있거나 명확하지 않은 경우가 많아 체계적인 안전보건관리체계를 구축하기가 쉽지 않다.

산업안전보건법은 개별 기업에서 안전보건관리체계를 구축하도록 돼 있어 동일한 장소 내에서 여러 업체가 동시에 하나의 공사에 참여하고 있더라도 발주기관·시행사·감리업체·원청사(시공사)·전문업체(협력업체) 등이 각각 별도의 안전보건관리체계를 구축해야 한다. 즉 공사 현장에서 이동식 크레인을 사용하더라도 위험성 평가와 작업계획서는 원청 및 협력업체가 각각 작성해야 한다. 산업안전보건법에도 발주자-원청(시공사)-협력업체(부문공사) 간 재해 예방에 대한 역할과 책임이 서로 다르게 규정돼 있다 보니 같은 공사 현장에서 중대재해를 예방하기 위한 통일적이고 조직적인 안전보건관리체계를 구축하기가 구조적으로 어렵다.

현재 산업안전보건법은 도급 시 원청(시공사)과 협력업체 간 안전보건에 관한 노사협의체를 운영하도록 법적으로 강제하고 있으나, 실제 현장에서는 근로감독을 피하기 위한 요식행위로 운영되는 경우가 많다. 따라서 시공사와 협력업체뿐만 아니라 발주처-시행사-감리업체-원청사-협력업체 등까지 모두 참여하는 통합적이고 단일한 안전보건관리체계 모델을 개발하고 연구할 필요가 있다.

한편, 건설공사의 안전보건에 관한 법률은 국토교통부에서 관할하는 건설기술인진흥법과 고용노동부에서 관할하는 산업안전보건법이 동일한 공사 현장에 중첩적으로 적용돼 일선 현장에서는 많은 혼선이 빚어지고 있다.

물론 건설기술진흥법은 건설공사 시공 과정상의 구조물의 안전한 시공을 목적으로 제정됐고, 산업안전보건법은 구조물의 안전성보다 공사 현장에 투입된 근로자 및 종사자의 안전을 목적으로 제정됐다는 점에서는 구별된다. 그러나 하나의 건설 현장에 요구되는 안전보건조직체계, 안전보건관계자의 명칭, 중대재해의 범위 등이 모두 달라 오히려 현장의 안전보건 활동에 지장을 초래하는 경우가 많다.

⟨표 4⟩ 산업안전보건법과 건설기술진흥법상 안전관리제도 차이점 비교

구분	산업안전보건법	건설기술진흥법
주관부서 (산하기관)	고용노동부(안전보건공단)	국토교통부(국토안전관리원)
주요목적	근로자의 안전보건 재해 예방	구조물의 안전재해 예방
범위	작업자(근로자), 가설시설물 (안전시설물·시공기준)	제3자, 본구조물, 가설구조물 (구조·품질 분야)
사전안전성 검토	유해위험방지계획서	안전관리계획서
설계단계 안전	안전보건대장(기본·설계·공사) 총 공사금액 50억원 이상 건설공사 계획·설계·시공단계별 작성	설계안전성 검토(DFS) 건설기술진흥법 시행령 제75조의 2 시공단계 반드시 고려할 위험 요소
안전 소요 비용	산업안전보건관리비(일정 요율 적용) • 안전관리자 등의 인건비 및 각종 업무 수당 • 안전시설비 • 개인보호구 및 안전장구 구매비 • 사업장 안전보건진단비 • 안전보건 교육비 및 행사비 • 근로자의 건강관리비 • 기술지도비 • 본사 안전전담 조직 사용료	안전관리비(내용에 반영, 실비정산 방법) • 안전관리계획의 작성 및 검토 비용 • 시행령 제100조제1항제1호 및 제3호에 따른 안전점검 비용 • 발파·굴착 등의 건설공사로 인한 주변 건축물 등의 피해방지대책비용 • 계측장비, 폐쇄회로TV 등 안전 모니터링 장치의 설치·운용비용 • 법제 제62조제7항에 따른 가설구조물의·구조적 안전 확인에 필요한 비용 • 공사장 주변 통행 안전 관리대책비용
안전보건관리 체제 (안전관리조직)	• 안전보건총괄책임자 • 안전보건관리책임자 • 관리감독자 • 안전관리자, 보건관리자 • 산업안전보건위원회(노사협의체) • 안전보건협의체 • 안전보건조정자	• 안전총괄책임자 • 안전관리책임자 • 안전관리담당자 • 협의체(수급인+하수급인, 매월 1회)
안전교육	• 정기 안전보건교육(근로자, 관리감독자) • 채용 시 교육 및 작업내용 변경 시 교육 • 특별 안전보건교육 • 건설업 기초 안전보건교육 • 안전보건관리책임자 등에 대한 직무교육 • 특수형태근로종사자에 대한 안전보건교육 • 물질안전보건자료에 관한 교육	• 일상 교육: 당일 공사작업자를 대상으로 매일 공사 착수 전에 실시 • 당일 작업의 공법이해, 시공상세도면에 안전교육 내용을 기록 관리 • 공사준공 후 발주청에 제출, 세부 시공순서와 시공 기술상 주의사항 포함

구분	산업안전보건법	건설기술진흥법
안전점검	• 작업장 순회점검 • 도급사업의 합동 안전보건 점검 • 작업 시작 전 점검 • 안전보건진단 • 건설 재해 예방 기술지도	• 자체 안전점검: 매일 • 정기 안전점검: 계획에서 정한 시기 • 정밀 안전점검: 물리적 기능적 결함 • 초기 점검: 공사준공 전에 실시 • 공사재개 전 안전점검: 1년 이상 방치
산업재해와 건설사고	• 업무상 사유에 따라 4일 이상의 요양이 필요한 근로자의 부상, 질병, 장해 또는 사망	• 사망 또는 3일 이상의 휴업이 필요한 부상의 인명 피해 • 1천만원 이상의 재산 피해
중대재해와 중대한 건설사고	• 사망자가 1명 이상 발생한 재해 • 3개월 이상의 요양이 필요한 부상자 가동 시에 2명 이상 발생한 재해 • 부상자 또는 직업성 환자가 동시에 10명 이상 발생한 재해	• 사망자가 3명 이상 발생한 경우 • 부상자가 10명 이상 발생한 경우 • 건설 중이거나 완공된 시설물이 붕괴 또는 전도(顚倒)돼 재시공이 필요한 경우

(3) 안전보건관리체계 인증제도와 효과적으로 연계할 수 있다

안전보건관리체계를 구축한 경험이 없는 기업이라면 고용노동부의 안전보건관리체계 구축 가이드를 활용하거나, 안전보건공단에서 시행하는 KOSHA-MS, ISO45001 등과 같은 안전보건경영시스템 인증을 참고해 자신의 기업에 맞게 구축하는 것도 도움이 된다. ISO45001은 사업장 안전보건관리체계 구축에 관한 국제표준 인증제도를 말하고, KOSHA-MS는 우리나라 안전보건공단에서 인증하는 사업장별 안전보건관리체계를 말한다.

물론 기업이 안전보건경영시스템(KOSHA-MS) 인증기준 규정에 따라 인증을 획득해 유지하더라도 중대재해처벌법상 안전보건관리체계를 구축했다고 단정 짓기는 어렵다. 중대재해처벌법에는 사업장 종사자의 안전보건확보 방안뿐만 아니라 도급·용역·위탁 종사자의 안전보건확보의무와 이용자 및 시민을 대상으로 하는 중대시민재해 예방의무까지 포함돼 있고, 안전보건관리체계 구축 시 반드시 준수해야 할 경영책임자의 아홉 가지 의무사항이 모두 충실하게 반영돼 있어야 하기 때문에 KOSHA-MS와 ISO45001 인증을 받았다는 이유만으로 중대재해처벌법상 안전보건관리체계를 구축했다고 해석될 수는 없다.

다. 일반적 구성 방식

안전보건관리체계의 구성 방안이나 구축 방법은 법으로 정해져 있지 않다. 사업 또는 사업장의 특성에 맞게 기업이 자율적으로 구축하되 중대재해처벌법상 사업주와 경영책임자등의 안전보건관리체계 구축 시 이행해야 할 의무사항과 산업안전보건법상 사업주에게 부여하고 있는 안전보건관리체제 구축 시 의무 이행사항을 종합적으로 고려해 구축해야 한다.

아래의 표 사업장 안전보건관리체계의 주요 구성항목은 안전보건 활동의 큰 흐름인 P-D-C-A 절차에 따라 구성한 것이고, 크게 경영자의 리더십 파트와 안전보건 활동 파트, 안전보건 활동 등에 대한 점검 파트, 마지막으로 평가 및 개선 활동에 대한 파트로 구분했다.

〈표 5〉 사업장 안전보건관리체계의 주요 구성항목

	구성	주요내용
P	경영자의 리더십	• 안전보건 목표 및 경영방침 수립 • 안전 보건관리계획의 수립 • 안전보건관리규정 • 안전보건조직 및 체계 구성 • 안전보건 관련 인력 및 예산 편성 • 안전보건관계자 및 담당자 등의 선임 및 권한 부여
D	안전·보건 활동	• 유해·위험기계기구 점검 및 관리활동 • 유해·위험물질 점검 및 관리활동 • 유해·위험장소 점검 및 관리활동 • 안전한 작업방법 등에 대한 점검 및 관리활동 • 유해물질 점검 및 관리활동 • 작업환경측정 점검 및 관리활동 • 건강검진(특수건강검진) 점검 및 관리활동 • 기타 건강관리 점검 및 관리활동 (난청·근골격계질환·뇌심혈관질환·직업성 암 등 기타 질환) • 작업 전 안전미팅(TBM) 활동 • 위험성 평가 활동
	안전보건교육 활동	• 근로자 안전보건교육 • 안전보건관계자 직무교육 • 물질안전보건자료(MSDS) 교육

구성		주요내용
D	종사자 의견청취 활동	• 근로자 및 종사자에 대한 안전·보건에 관한 자료 및 정보공개 활동 • 산업안전보건위원회 등 안전보건 협의체 운영 활동 • 유해·위험요인 발굴과 신고제도 및 기타 안전보건 개선에 관한 근로자 및 종사자 제안 활동 • 안전보건에 관한 도급·용역·위탁 종사자들의 의견청취
	재해관리 활동	• 재해통계 및 기록관리 활동 • 재해 발생신고 및 조사 활동 • 재발방지 대책 수립 절차 등에 관한 활동 • 재해조사 결과 및 재발방지 대책 등에 대한 공개 및 교육 절차 활동
	중대재해 및 비상시 조치 활동	• 중대재해 발생 시 대처방안에 대한 매뉴얼 작성 • 화재·폭발 시 비상조치 방안 • 밀폐공간 질식사고 시 비상조치 방안 • 유해물질 누출 사고 등에 대한 비상조치 방안 • 지진·폭우·강풍·해일·폭설 등 자연재해 시 비상조치 방안 • 혹서기 및 혹한기 등에 대한 비상조치 방안
	도급·용역·위탁 종사자 보호 활동	• 안전보건 능력을 갖춘 적정 수급업체 선정을 위한 기준 및 절차 마련 • 안전보건 활동에 대한 수급업체 평가 활동 • 유해물질 취급 시 안전보건에 관한 자료 및 정보제공 활동 • 수급업체 위험성 평가에 대한 관리·감독 활동 • 안전보건교육 이행에 대한 관리·감독 • 순회점검 및 합동점검에 관한 활동 • 위생시설 등의 제공 활동 • 도급인의 안전보건조치의무에 관한 활동
C·A	이행상태에 대한 점검 및 평가, 개선조치	• 안전보건 목표 및 경영방침 이행 정도에 대한 평가 • 안전·보건 활동에 대한 점검 및 평가 • 위험성 평가 활동에 대한 점검 및 평가 • 안전보건교육 이행 정도에 대한 점검 및 평가 • 안전보건관계자 등의 활동에 대한 점검 및 평가 • 종사자 의견청취 제도 등에 이행에 대한 점검 및 평가 • 재해발생 시 재발방지 대책 수립 활동에 대한 점검 • 중대재해 및 비상시 조치 등의 활동에 대한 점검 및 평가 • 도급·용역·위탁 종사자의 안전·보건 조치 등에 대한 점검 및 평가

라. 산업안전보건법상 안전보건관리체제 구축과의 차이점

산업안전보건법에서는 사업장의 자율적인 안전보건관리를 위해 사업주에게 의무적으로 안전보건관리체제를 구축하도록 해서 사업장 단위로 산재 예방 활동이 체계적이고 효율적으로 이루어지도록 하고 있다.

산업안전보건법상 사업주의 안전보건체제 구축의무와 중대재해처벌법상 사업주와 경영책임자등의 안전보건체계 구축의무는 기업 스스로 자율적인 안전보건 활동을 유도한다는 점에서는 동일하다. 그러나 산업안전보건법상 안전보건관리체제는 안전보건 활동을 하는 각 주체(산업안전보건위원회, 안전보건관리책임자, 안전관리자, 보건관리자, 관리감독자 등)의 역할과 의무사항을 법적으로 규정한 것이라면, 중대재해처벌법상 안전보건관리체계는 사업주와 경영책임자등이 종사자의 중대재해를 예방하기 위해 필수적으로 갖추어야 할 안전보건관리조직 및 시스템을 말한다.

따라서 중대재해처벌법에서 사업주와 경영책임자등에게 요구하는 것은 단순히 안전보건 조직의 구성과 역할 분담을 정하라는 의미에 한정되는 것이 아니라 사업장 종사자의 안전과 보건이 실질적으로 증진될 수 있도록 조직과 시스템을 구축하고, 실제 해당 시스템이 현장에서 제대로 작동되고 있는지 점검 및 확인하라는 것이다.

다만 중대재해처벌법상 안전보건관리체계를 구축할 경우 산업안전보건법에서 정한 사업주의 안전보건관리체제 구축의무는 반드시 포함되도록 해야 한다. 산업안전보검법에 따른 안전보선관리체세는 일정한 규모가 되는 사업장에서는 반드시 갖추어야 할 안전보건 관린 규정 및 기구(협의체), 안전보건관계자(안전보건규정·안전보건책임자·안전관리자·보건관리자·산업보건의·안전보건담당자·관리감독자 등)들의 역할 및 의무사항을 규정하고 있다.

마. 조직 모형

안전보건관리체계의 조직 모형은 사업장 규모 및 특성에 따라 조금씩 그 형태가 달라질 수 있다. 산업안전보건법상 안전보건관리체제 모형은 사업주-안전보건(총괄)관리책임자-관리감독자-근로자(작업자)를 중심으로 한 라인 조직과, 안전보건관리책임자를 보좌하고 관리감독자를 지도·조언하는 안전관리자 및 보건관리자를 중심으로 한 스태프 조직(지원조직)으로 구분된다. 산업안전보건법상 안전보건관리체제는 라인 조직과 스태프 조직이 혼합돼 있는 형태다.

건설공사의 경우에는 안전보건관리책임자가 안전보건관리총괄책임자로 지정돼 있는 경우가 많다. 특히 건설공사의 경우에는 산업안전보건위원회를 대신해서 협력업체와 시공사가 같이 참여하는 건설공사 안전 및 보건에 관한 노사협의체를 구성하고 있는 것이 특징이다. 또한 건설 현장의 경우 하나의 현장에서 같은 건설공사를 하더라도 시공사는 시공사대로, 참여 협력업체는 협력업체별로 각각 안전보건관리체계를 구성해야 한다.

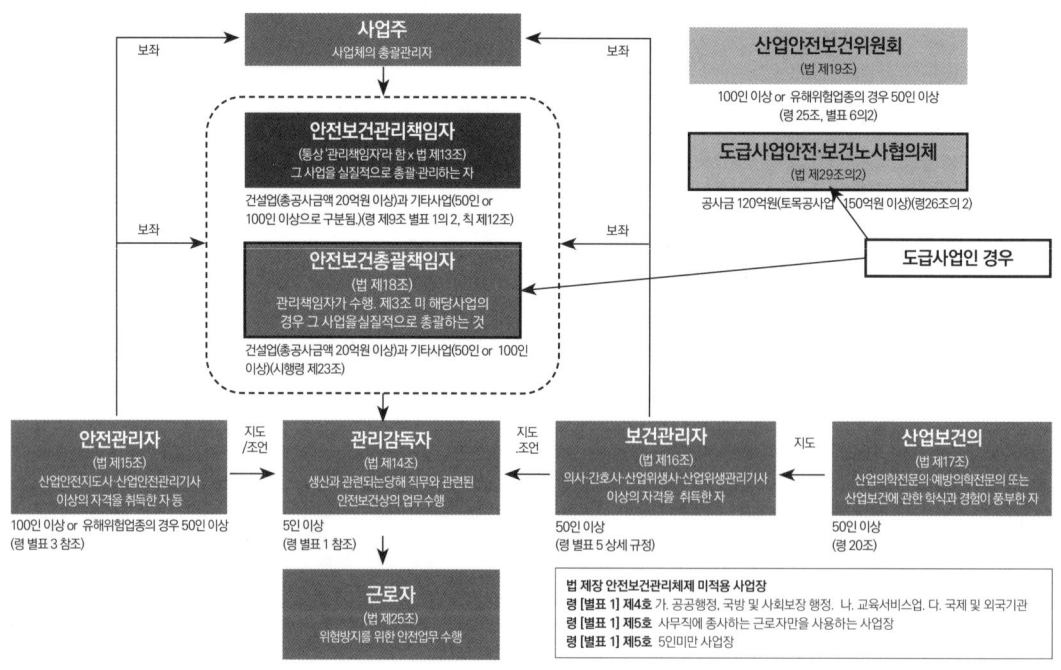

예시 | 건설공사 안전보건관리체계 조직모형

3. 안전보건에 관한 목표와 경영방침을 어떻게 설정할 것인가

가. 관련 법률

> **중대재해처벌법 시행령**
>
> **제4조(안전보건관리체계의 구축 및 이행 조치)** 법 제4조제1항제1호에 따른 조치의 구체적인 사항은 다음 각 호와 같다.
> 1. 사업 또는 사업장의 안전·보건에 관한 목표와 경영방침을 설정할 것

나. 이행 방안

효과적인 안전보건관리체계를 구축하고 이행하기 위해서는 사업주와 경영책임자등이 종사자의 안전보건에 관한 확고한 '리더십'으로 비전(안전보건 목표 및 경영방침)을 제시하고, 인력·시설·장비 등 자원을 적극적으로 제공해야 한다.

"안전보건에 관한 목표와 경영방침"이란 사업주와 경영책임자등이 종사자의 안전과 건강을 확보하기 위한 구체적인 목표를 설정하고 이를 달성하기 위해 경영책임자의 구체적 실천 의지 및 경영철학, 의사결정의 일반적 지침 등을 설정하는 것을 말한다.

안전보건에 관한 목표와 경영방침은 기업의 상황과 특성에 맞게 자율적으로 설정하되 추상적이고 일반적인 내용보다는 사업장 특성·규모, 주된 유해·위험요인을 감소하기 위한 대책, 기타 사업장 내 도급·용역·위탁 종사자 등의 안전보건 상황 등을 종합적으로 고려해 가능한 구체적이고 실현 가능하도록 설정하는 것이 바람직하다.

그리고 안전보건에 관한 목표와 경영방침은 종사자 등 전 구성원이 공감하고 인식할 수 있도록 설정하되, 목표 실행을 위해 구성원들과 협의 등 충실한 의견수렴 절차를 거치는 것이 바람직하다.

안전보건에 관한 목표와 경영방침이 수립되면 사업장 내 모든 구성원이 이를 쉽게 알 수 있도록 사내 인트라넷 및 홈페이지 등에 게시하고 주지시키는 것이 중요하다.

안전보건 목표와 경영방침 수립 시 검토사항

1. 사업 또는 사업장의 유해·위험요인 등 특성과 조직 규모에 적합한 것으로 수립한다.
2. 달성 가능한 구체적인 내용으로 설정하고, 측정 및 성과평가가 가능한 것으로 수립한다.
3. 누구나 이해하고 공감할 수 있도록 쉽게 표현해야 한다.
4. 안전보건에 관한 목표와 경영방침 간에는 일관성이 있도록 한다.
5. 사업장의 안전보건 목표와 경영방침은 노동조합 및 종사자와 협의를 통해 수립하는 것이 바람직하며 종사자가 인식하고 함께 노력해야 한다.
6. 사업장 전체 안전보건 목표 및 경영방침과 조직별·부서별·현장별 세부 목표 및 경영방침이 상호 유기적이며 체계적으로 관리될 수 있도록 수립한다.
7. 안전보건 목표 및 경영방침이 수립되면 전 구성원에게 공지하고 주지시켜야 한다.
8. 사업장 내에 도급·용역·위탁 종사자가 있는 경우 목표 수립 시 이들 종사자의 안전보건에 관한 사항도 포함될 수 있도록 해야 한다.

자료: 고용노동부 중대재해처벌법 가이드

안전보건에 관한 목표를 설정할 때는 측정 및 평가 가능한 구체적인 목표를 제시하고 각 사업장의 규모와 특성, 유해·위험요인 등을 종합적으로 고려해 설정해야 한다.

예시 | **측정 및 평가 가능한 안전보건목표 설정**

- 중대재해 및 중상해 재해 건수
- 경상해 재해 및 아차사고 건수
- 도급·용역·위탁 종사자의 재해 건수
- 업무상 질병 건수(뇌심혈관질환·정신질환·근골격계질환 등)
- 안전보건 경영방침에 대한 종사자 인지율
- 안전보건관련 예산·인력 증감률
- 종사자의 위험요인·아차사고 신고 건수
- 산업안전보건위원회 개최 건수 및 심의·의결 건수
- 위험요인 발굴 건수
- 위험요인 대비 제거·관리 이행률
- 기계·설비의 정기검사 실시율
- 안전작업절차서 도입·개선 건수
- 작업허가제 등 도입·개선 건수
- 2인1조 도입 및 이행률
- 산업안전보건교육 이행률
- "재해 시나리오별 조치계획" 수립 건수
- 비상조치계획 훈련 건수
- 개인보호구 지급률
- 위험성 평가 감소대책 이행률
- 유해물질별 노출 수준 감소율

안전보건경영방침은 안전보건에 대한 사업주와 경영책임자등의 평소 철학과 신념을 나타낼 수 있도록 명시하되, 직접고용한 근로자뿐만 아니라 도급·용역·위탁 종사자의 안전과 보건 확보에 대한 확고한 의지가 표현될 수 있도록 하는 것이 좋다.

> **예시**   **안전보건 경영방침**
>
> 1. 경영책임자는 '종사자의 안전과 건강'을 최우선 목표로 삼는다.
> 2. 경영자책임자는 안전보건관리체계를 구축하고, 유해·위험요인 확인 및 제거·통제를 위한 충분한 인적·물적 자원을 제공한다.
> 3. 경영책임자는 안전보건 목표 및 경영방침을 설정하고, 이를 달성하기 위한 세부적인 실행계획을 수립해 이행한다.
> 4. 사업장 내 모든 구성원은 산업안전보건법 등 안전보건 관계법령 및 사업장 내 안전보건 내부규정을 준수한다.
> 5. 위험성 평가 및 유해·위험요인 파악은 모든 종사자가 참여할 수 있도록 한다.
> 6. 발견된 유해·위험요인은 반드시 개선하는 절차를 마련한다.
> 7. 모든 구성원이 안전 및 보건과 관련된 자신의 직무를 충실히 수행할 수 있도록 관리 및 평가체계를 마련한다.
> 8. 중대재해 발생 또는 비상시 모든 종사자가 안전하게 대피할 수 있도록 안전보건교육 및 훈련을 정기적으로 실시한다.
> 9. 우리의 안전보건 방침은 모든 협력업체 및 관계업체에 공지하고 이를 철저히 준수하도록 한다.
> 10. 모든 구성원은 안전보건 활동에 대한 책임과 의무를 성실히 준수하도록 한다.

자료: 고용노동부 중대재해처벌법 가이드

산업안전보건법은 상시 근로자 500명 이상 사업장의 경우 사업주가 안전 및 보건에 관한 계획을 매년 수립해 이사회에 보고하도록 규정하고 있다. 500명 이하 사업장이라 하더라도 중대재해처벌법에 따른 안전보건 목표 및 방침을 달성할 수 있도록 자율적인 안전보건관리계획을 수립해 활동하게 하는 것이 바람직하다.

안전보건에 관한 목표와 경영방침(경영자 리더십) 수립

자율점검항목	적정	부적정	비고
안전보건 목표 및 경영방침은 수립돼 있는가?	☐	☐	
안전보건 경영방침은 경영책임자(사업주) 명의로 발표되고 확고한 실행의지가 반영돼 있는가?	☐	☐	
안전보건 목표 및 경영방침은 공식적인 절차(사내 인트라넷, 게시판, 동영상, 공식문서)에 따라 공표했는가?	☐	☐	
안전보건 목표 및 경영방침을 소속 근로자뿐만 아니라 도급·용역·위탁 종사자들도 알고 있는가?	☐	☐	
안전보건 목표는 달성 가능하고 구체적이며, 이후 성과측정 및 평가가 가능하도록 설정됐는가?	☐	☐	
안전보건 목표는 안전보건담당 부서 외에 조직별·부서별·현장별로 수립돼 있는가?	☐	☐	
안전보건 목표 및 경영방침이 이행되고 있는지 주기적으로 점검하는 시스템은 있는가?	☐	☐	
안전보건 목표 및 경영방침을 실행하기 위한 안전보건관리실행계획을 수립했는가?	☐	☐	
안전보건관리를 위한 인력을 법정 최소 요건 이상 충분히 확보했는가?	☐	☐	
안전보건관리규정 등 내부규정에 구성원의 권한과 책임을 명확히 정하고, 책임에 대한 이행 여부를 주기적으로 점검하고 있는가?	☐	☐	
안전보건 활동에 적극적인 참여자에게 인센티브를 제공하는 등의 참여를 위한 분위기는 조성돼 있는가?	☐	☐	

자료: KOSHA GUIDE 안전보건 리더십에 관한 사항

4. 총괄관리 전담 조직을 어떻게 구성하고 운영할 것인가

가. 관련 법률

> **중대재해처벌법 시행령**
>
> **제4조(안전보건관리체계의 구축 및 이행 조치)** 법 제4조제1항제1호에 따른 조치의 구체적인 사항은 다음 각 호와 같다.
> 2. 「산업안전보건법」 제17조부터 제19조까지 및 제22조에 따라 두어야 하는 인력이 총 3명 이상이고 다음 각 목의 어느 하나에 해당하는 사업 또는 사업장인 경우에는 안전·보건에 관한 업무를 총괄·관리하는 전담 조직을 둘 것. 이 경우 나목에 해당하지 않던 건설사업자가 나목에 해당하게 된 경우에는 공시한 연도의 다음 연도 1월 1일까지 해당 조직을 두어야 한다.
>   가. 상시근로자 수가 500명 이상인 사업 또는 사업장
>   나. 「건설산업기본법」 제8조 및 같은 법 시행령 별표 1에 따른 토목건축공사업에 대해 같은 법 제23조에 따라 평가하여 공시된 시공능력의 순위가 상위 200위 이내인 건설사업자

나. 이행 방안

(1) 전담 조직의 중요성

기업의 생산·영업·구매 등 일상적 경영 활동의 대부분은 인력과 예산의 투입이 줄어들거나 문제점이 발생했을 때 그 결과가 즉각 가시적으로 나타난다. 반면 안전보건관리 영역은 문제가 발생하더라도 기업이나 근로자들이 이를 인지하기 어려운 경우가 많고 그 결함이 산재로 발현되기 전까지 상당한 시간을 요하는 경우가 많다. 이에 많은 기업이 안전보건관리 전담 조직을 구성하고 운영하는 것을 비효율적 투자로 여기는 경우가 많다. 또한 전담 조직을 구성했다가도 시간이 흐르면서 그 조직을 축소하거나 조직의 성격을 변질시키는 경우가 많다.

안전보건관리는 다른 경영 활동과 달리 유해·위험요소가 산재로 발현하는 것을 막는 것, 즉 현상 유지가 주요한 목적이다. 따라서 눈에 띄는 성과나 변화가 없더라도 꾸준하고 체계적인 관리를 일관되게 유지하는 것이 중요하다. 이를 가능하게 하는 것이 전담 조직의 설치다. 기업의 이윤과는 독립적으로 안전보건관리를 일상적으로 유지하는 기업 내 전담 조직은 산재를 막는 가장 기초적인 조건이다.

(2) 전담 조직 설치 대상

전담 조직 설치 유무는 중대산업재해가 발생했을 때 사업주 또는 경영책임자등이 중대재해처벌법에 의해 처벌될지 여부를 결정하는 중요한 판단기준이다. 만약 중대재해처벌법상 전담 조직 설치 대상인데도 이를 설치하지 않은 상태에서 중대산업재해가 발생했다면, 그 사업주 또는 경영책임자등은 중대재해처벌법에 따른 처벌 대상이 될 수 있다.

중대재해처벌법은 전담 조직을 설치해야 하는 대상을 구체적으로 밝히고 있는데, 아래 요건에 해당하는 사업장은 반드시 전담 조직을 설치해야 한다.

- 산업안전보건법상 전문 인력이 총 3명 이상이고
- 상시 근로자 수 500명 이상인 사업 또는 사업장이거나,
- 공사 시공능력 순위 상위 200위 이내인 건설사업자

산업안전보건법상 전문 인력은 안전관리자·보건관리자·안전보건관리담당자·산업보건의 등을 의미한다. 총 3명의 의미는 실제 배치된 전문 인력의 수와는 상관없이 산업안전보건법상 배치해야 할 전문 인력의 수를 의미한다. 따라서 실제 배치된 전문 인력이 2명에 불과하더라도 산업안전보건법상 3명이 배치돼야 하는 경우는 전담 조직 설치 대상이다. 외부기관에 위탁하는 방식으로 전문 인력을 배치한 경우나, 관계수급인이 전문 인력을 배치한 경우에도 전문 인력 산정 시 이를 포함해 전담 조직 설치 여부를 판단해야 한다.

산업안전보건법상 안전관리자·보건관리자·안전보건관리담당자·산업보건의 등 전문 인력 배치 대상, 자격, 주요 업무 등은 다음과 같다.

〈표 6〉 전문 인력 배치 대상, 자격, 주요 업무 등

구분	적용 사업장	선임 대상·자격	주요 업무
안전보건관리책임자 (15조)	업종별 상이 • (건설) 20억원 이상 • (제조) 50명 이상 • (서비스업, 농업, 어업 등) 300명 이상 • (기타) 100명 이상 * 공장장, 현장소장 등	실질적 사업장 총괄관리자	• 산재 예방계획 수립, 안전보건관리규정 작성·변경, 안전보건교육, 근로자 건강관리 • 산재 원인조사 및 재발방지 대책 수립, 산재 통계 기록·유지, 위험성 평가 실시 안전장치·보호구 적격품 여부 확인, 근로자 위험·건강장해 방지
관리감독자 (16조)	5명 이상 * 부서장, 직장·반장 등 중간관리자	생산 관련 직원(업무) 지휘(감독) 담당자	• (해당 작업) 기계·기구 또는 설비 점검, 작업장 정리정돈 작업복·보호구·방호장치 점검, 교육·지도 • 산재 보고 및 응급조치 안전·보건관리자 업무에 대한 협조 • 위험성 평가 관련, 위험요인 파악 및 개선
안전관리자 (17조)	업종별 상이 • (건설) 80억원 이상 • (제조 등) 50명 이상 • (부동산, 사진처리업) 100명 이상 * 건설 120억원 이상, 제조 등 300명 이상 사업장은 전담자 선임	관련 자격증 또는 학위 취득자 등	• 위험성 평가, 위험기계·기구, 안전교육, 순회점검에 대한 지도·조언 및 보좌 • 산재 발생원인 조사·분석, 재발방지를 위한 기술, 산재 통계 유지·관리·분석 등에 대한 지도·조언 및 보좌
보건관리자 (18조)	업종별 상이 • (건설) 800억원 이상 * 토목공사는 1천억원 이상 • (제조 등) 50명 이상 * 300명 이상 사업장은 전담자 선임	관련 자격증 또는 학위 취득자 등	• 위험성 평가, 개인 보호구, 보건교육, 순회점검에 대한 지도·조언 및 보좌 • 산재 발생원인 조사·분석, 재발방지를 위한 기술, 산재 통계 유지·관리·분석 등에 대한 지도·조언 및 보좌, 가벼운 부상에 대한 치료, 응급처치 등에 대한 의료 행위(의사 또는 간호사에 한함) • MSDS 게시·비치, 지도·조언 및 보좌
산업보건의 (22조)	보건관리자 선임 대상 사업장과 동일 * 보건관리자를 의사로 선임하거나 위탁한 경우 미선임 가능	직업환경 또는 예방의학 전문의	건강진단 결과 검토 및 근로자 건강보호 조치, 건강장해 원인조사 및 재발방지 조치
안전보건관리담당자 (19조)	아래 업종 20~49명 사업장은 1명 이상 선임 * 제조, 임업, 하수·폐수 및 분뇨처리 등 업종	안전·보건관리자 자격 또는 교육 이수 (겸임 가능)	안전관리자 및 보건관리자의 역할 수행

출처: 고용노동부, 안전보건관리체계 가이드북, 2021, 23쪽

시공능력 순위는 국토교통부 건설정책과에서 매년 7월 말에 발표하는 순위를 말한다. 참고로 국토교통부 장관은 발주자가 적정한 건설사업자를 선정할 수 있도록 건설사업자의 신청

이 있는 경우 그 건설사업자의 건설공사 실적, 자본금, 건설공사의 안전·환경 및 품질관리 수준 등에 따라 시공능력을 평가해 공시하고 있다.

건설산업기본법

제23조(시공능력의 평가 및 공시) ① 국토교통부장관은 발주자가 적정한 건설사업자를 선정할 수 있도록 하기 위하여 건설사업자의 신청이 있는 경우 그 건설사업자의 건설공사 실적, 자본금, 건설공사의 안전·환경 및 품질관리 수준 등에 따라 시공능력을 평가하여 공시하여야 한다. 〈개정 2011. 5. 24., 2013. 3. 23., 2019. 4. 30.〉

② 삭제 〈1999. 4. 15.〉

③ 제1항에 따른 시공능력의 평가 및 공시를 받으려는 건설사업자는 국토교통부령으로 정하는 바에 따라 전년도 건설공사 실적, 기술자 보유현황, 재무상태, 그 밖에 국토교통부령으로 정하는 사항을 국토교통부장관에게 제출하여야 한다. 〈개정 2011. 5. 24., 2013. 3. 23., 2019. 4. 30.〉

④ 국토교통부장관은 제1항에 따른 시공능력 평가를 위하여 필요한 경우 그 시공능력 평가를 신청한 건설사업자, 건설공사의 발주자, 그 밖의 관계 기관·단체의 장에게 공사실적, 기술자 보유현황 등의 자료 제출을 요청할 수 있다. 이 경우 자료 제출을 요청받은 관계 기관·단체의 장 등은 특별한 사유가 없으면 이에 따라야 한다. 〈신설 2020. 4. 7.〉

⑤ 제1항, 제3항 및 제4항에 따른 시공능력의 평가방법, 제출 자료의 구체적인 사항, 공시 절차 및 자료 제출 요청, 그 밖에 필요한 사항은 국토교통부령으로 정한다. 〈개정 2011. 5. 24., 2013. 3. 23., 2020. 4. 7.〉

[제목개정 2011. 5. 24.]

---

(3) 전담 조직의 역할

전담 조직이란 안전보건관리에 관한 업무를 총괄하는 조직을 말한다. 중대재해처벌법은 전담 조직으로 인정받기 위한 요건을 별도로 정하고 있지 않으므로, 사업 또는 사업장의 규모·업종 등을 고려해 안전보건관리 업무를 총괄할 능력이 있는 조직 정도로 해석할 수밖에 없다. 전담 조직의 구성원이 반드시 일정한 학력, 자격증을 보유해야 하는 것이 아니다. 전담 조직이 제대로 기능할 수 있도록 전문성·경험을 보유한 사람들로 전담 조직을 구성하는 것이 중요하다.

고용노동부는 전담 조직으로 인정받기 위해서는 최소한 2명 이상의 구성원을 요한다고 해석하고 있다. 전담 조직은 안전보건업무만 수행해야 하며 다른 업무를 겸하는 경우는 전담 조직으로 인정받기 어렵다. 또한 하나의 회사에 수개의 사업장이 운영되는 경우에는 모든 사업장을 총괄하는 역할을 수행해야 한다.

전담 조직은 사업장 내 유해·위험요인들을 정확하게 파악하고 관리·통제함으로써 이 같은 유해·위험요인들이 산재로 발현되는 것을 막는 역할을 수행한다. 이를 위해 "사업장 내 산재 예방 시스템이 제대로 유지·작동되고 있는지 상시적으로 점검하고 수정·보완하는 활동" "사고 발생 시 그 원인에 대한 분석과 재발 방지책 마련하기 위한 활동" "현장 종사자들에 대한 교육 훈련과 의견수렴을 위한 활동" "예측하기 어려운 돌발적 변수를 찾아내기 위한 적극적 예방 활동" 등을 수행한다. 전담 조직의 구체적 설치 사례는 아래 그림과 같다. 안전보건 전담 조직은 그 기능과 권한을 보장받을 수 있도록 경영관리 부서와 독립적으로 설치·운영되는 것이 바람직하며, 각 현장의 안전보건 실무부서와 유기적인 네트워크를 유지할 수 있도록 업무체계를 구축해야 한다.

예시 **전담 조직 설치 사례**

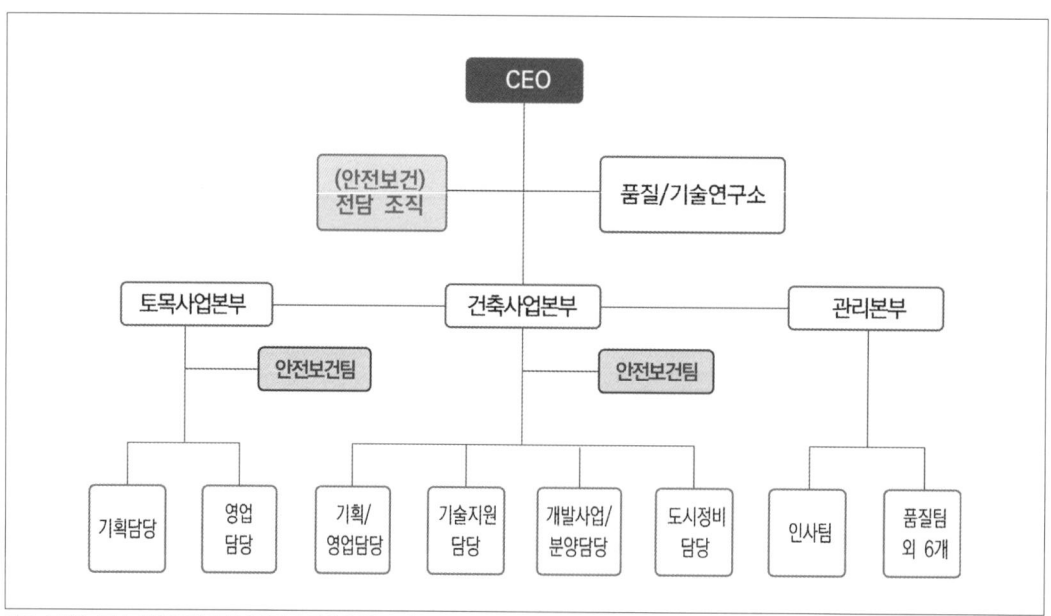

자료: 고용노동부, 경영책임자와 관리자가 알아야 할 중대재해처벌법 따라 하기, 2022, 79쪽

■ 자율점검표 2

전담 조직의 구성 및 운영

자율점검항목	적정	부적정	비고
법률 요건에 따른 전담 조직은 구성돼 있는가?	☐	☐	
전담 조직의 역할 및 범위, 업무절차 등은 마련돼 있는가?	☐	☐	
전담 조직의 역할과 안전보건관리책임자 및 관리감독자, 안전·보건관리자의 역할이 명확히 구분돼 있는가?	☐	☐	
전담 조직의 구성원은 안전보건에 관한 업무만 전임할 수 있도록 업무분장이 돼 있는가?	☐	☐	
중대재해 발생 등 비상시 전담 조직의 역할이 명확히 설정돼 있는가?	☐	☐	
고위험 작업 시 전담 조직이 어떤 역할을 하는지 구분돼 있는가?	☐	☐	
도급·용역·위탁 등의 수급인 및 수급인 종사자 보호를 위한 업무가 전담 조직의 업무 범위에 포함돼 있는가?	☐	☐	

5. 유해·위험요인을 어떻게 확인하고 개선·점검할 것인가

가. 관련 법률

> **중대재해처벌법 시행령**
>
> **제4조(안전보건관리체계의 구축 및 이행 조치)** 법 제4조제1항제1호에 따른 조치의 구체적인 사항은 다음 각 호와 같다.
> 3. 사업 또는 사업장의 특성에 따른 유해·위험요인을 확인하여 개선하는 업무절차를 마련하고, 해당 업무절차에 따라 유해·위험요인의 확인 및 개선이 이루어지는지를 반기 1회 이상 점검한 후 필요한 조치를 할 것. 다만, 「산업안전보건법」 제36조에 따른 위험성 평가 절차를 마련하고, 그 절차에 따라 위험성 평가를 직접 실시하거나 실시하도록 하여 실시 결과를 보고받은 경우에는 상기 점검을 한 것으로 본다

나. 이행 방안

(1) 유해·위험요인 확인·개선·점검 의무

중대재해처벌법은 사업주와 경영책임자등에게 개별 사업장 특성에 따른 유해·위험요인을 기업 스스로 찾아내고, 확인된 유해·위험요인은 제거하거나 통제할 수 있는 업무절차를 마련하도록 하고 있다. 여기서 "유해·위험요인을 확인해 개선하는 업무절차"란 각 사업장의 특성에 따른 유해·위험요인의 확인 및 개선대책의 수립·이행까지 이르는 일련의 절차를 말한다. 즉 단순히 유해·위험요인 점검에 그치지 않고 확인된 위험요인은 작업방식을 변경하거나 해당 물질을 대체하는 방식으로 제거하고 통제하되, 제거나 통제가 되지 않을 때는 작업 중지를 하거나 개인에게 적절한 보호구를 지급하는 등의 적극적인 조치까지 포함한 개념이다.

다만 사업주와 경영책임자등이 유해·위험요인 확인 등을 직접 해야 한다는 취지가 아니라,

사업장 내 유해·위험요인에 대한 확인 및 개선이 가능하도록 하는 업무절차를 마련하고, 그 절차대로 사업장에서 이행되고 있는지를 점검하라는 것이다.

"유해·위험요인 확인 및 개선"은 ① 기계·기구, 설비, 원재료 등의 신규 도입 또는 변경 ② 건설물·기계·기구·설비 등 정비·보수 ③ 작업 방법·절차 변경 등이 실행되기 전에 실시해야 하며, 어떠한 작업이든 최종적으로 위험성을 제거한 후 작업할 수 있도록 해야 한다.

"유해·위험요인을 확인하는 절차"에는 안전보건담당자들뿐만 아니라 소속 근로자, 도급·용역·위탁업체 종사자, 납품을 위해 일시 출입하는 모든 사람이 누구나 자유롭게 참여할 수 있어야 한다. 또한 위험요인을 발굴하고 신고할 수 있는 절차를 내부규정이나 지침으로 마련하고, 유해·위험작업을 수행하는 관계 종사자의 의견까지 청취할 수 있는 시스템을 마련하는 것이 바람직하다.

중대산업재해를 야기하는 유해·위험요인뿐만 아니라 사업장 내에서 발생한 모든 '산재'와 '아차사고'까지 파악하고 개선하는 것이 바람직하다.

(2) 유해·위험요인을 파악하는 방법

유해·위험요인을 파악하는 가장 좋은 방법은 직접 작업을 수행하는 작업자들에게 의견을 청취하거나 실제 작업 현장을 순회점검하면서 유해·위험요인을 찾는 것이다. 그리고 간접적으로는 이전 재해기록이나 기계·기구의 고장 및 수리내역, 기타 유해·위험물질 관리 자료, 이전의 위험성 평가 자료 등도 참고하면 좋다.

유해·위험요인을 파악하기 위한 사전 준비 자료

① 과거의 사고기록 및 사고조사보고서
② 기계·장비·설비 등의 보유현황
③ 사업장 내 유해·위험장소 현황자료(고소, 밀폐, 화재·폭발, 유해물질 누출 등)
④ 공정별 작업절차도
⑤ 사업장 내 화학물질자료(MSDS)
⑥ 안전·보건 장비 보유현황

⑦ 외부기관의 안전·보건점검 및 진단 결과
⑧ 작업환경측정자료
⑨ 건강검진 및 특수건강검진 자료
⑩ 근골격계 유해요인조사 자료
⑪ 직무스트레스 조사 자료
⑫ 근로자, 하청업체, 파견업체, 공급·판매업체 등의 신고 및 제보 자료
⑬ 지자체 및 행정기관 시정요구 사항
⑭ 전년도 위험성 평가 기록
⑮ 기타 안전보건 관련 자료

(3) 유해·위험 기계·기구·설비에 대한 현황 파악

기계·기구·설비마다 위험 요소를 세부적으로 확인하되, 특히 해당 사업장에서 산재가 발생했던 기계·기구·설비는 반드시 위험요인으로 분류해야 하며, 동종업계에서 발생한 유사한 산재 사례도 유해·위험요인으로 작용할 여지가 없는지 확인하는 것이 필요하다.

예시 **유해·위험 기계·기구·설비 관리 방안**

① 위험도 등급, 기계·기구·설비의 특성에 따라 점검주기 차등화 관리
② 고위험 기계·기구·설비의 경우 주기적 예방 정비 수행
③ 기계·기구 및 설비의 위험도 등을 토대로 등급화해 점검계획을 수립하고, 기계·기구 및 설비의 정비이력을 고려한 정비계획을 수립해 시행
④ 보유하고 있는 기계·기구 및 설비 등에 대한 점검·정비 절차가 없어 대부분 고장 발생 시 수리하는 방법으로 관리함
⑤ 기계설비 등의 정비·청소 수리 등의 작업 시 타 작업자의 불시 가동을 막기 위해 전원장치에 잠금장치 및 태그를 부착하는 LOTO(Lock Out, Tag Out) 절차를 마련하고, 근로자가 이를 알고 있도록 교육하고, 담당자 외 잠금장치를 체결·해제하지 않도록 함

예시 **위험 기계·기구·설비 관리대장 작성**

순번	기계·기구·설비명 (관리번호)	용량	단위작업장소	수량	검사 대상	방호장치	점검주기	발생가능 재해형태
1	프레스	10톤	1번 라인	5	산업안전보건법 안전검사	광전자식	3개월	끼임
2								
3								

자료: 안전보건공단 안전보건관리체계 구축 가이드

〈표 7〉 산업안전보건법상 사업주의 유해·위험 기계·기구 관리 의무

방호조치의무	안전검사의무
① 예초기(날 접촉 예방장치)	① 프레스
② 원심기(회전체 접촉 예방장치)	② 전단기
③ 공기압축기(압력방출 예방장치)	③ 크레인(정격 하중 2톤 미만 제외)
④ 금속절단기(날 접촉 예방장치)	④ 리프트
⑤ 지게차(헤드 가드, 백레스트, 전조등, 후미등, 안전벨트)	⑤ 압력용기
⑥ 포장기계(구동부 방호 연동장치)	⑥ 곤돌라
⑦ 이외 동력으로 작동하는 기계 　- 자동부분 돌기부분(덮개 등) 　- 동력전달부분, 속도조절부분, 회전기계의 물림점(덮개·방호망 및 울 등)	⑦ 국소박이 장치 (이동식 제외)
	⑧ 원심기(산업용 해당)
	⑨ 롤러기(밀폐형 구조 제외)
	⑩ 사출성형기 [형 체결력 294킬로뉴턴(KN) 미만 제외]
	⑪ 차량탑재형 고소작업대
	⑫ 컨베이어
	⑬ 산업용 로봇

(4) 유해인자에 대한 현황 파악

화재·폭발·누출의 위험이 있는 화학물질과 건강에 위해를 끼칠 우려가 있는 화학물질, 물리적 인자 등을 파악하되 특히 화학물질은 화학제품의 제조·수입자가 의무적으로 제공하는 물질안전보건자료에 있는 화학물질의 명칭, 유해·위험성 정보, 번호 등을 확인하는 절차를 포함해야 한다. 이를 통해 파악한 화학제품에 함유된 물질이 고용노동부 고시 '화학물질 및 물리적 인자의 노출 기준' 별표에 해당한다면 유해인자로 분류해야 한다.

아래의 표는 종사자의 보건관리를 위해 유해인자별로 사업주가 지켜야 할 안전·보건기준을 요약 정리한 표이며, 화학물질을 사업장에서 체계적으로 관리할 수 있는 화학물질 관리대장 양식을 예시적으로 보여주는 표다.

〈표 8〉 유해인자의 분류

유해인자	화학적 인자	- 화학제품 제조·수입자가 의무적으로 제공하는 물질안전보건자료(MSDS)에 있는 화학물질의 명칭, 유해·위험성 정보, CAS번호 확인 - 고용노동부 고시 '화학물질 및 물리적 인자의 노출 기준' 준수 여부
	물리적 인자	소음·진동·방사선·기압·기온 등이 적정 수준인지 확인
	생물학적 인자	혈액매개 감염인자, 공기매개 감염인자, 곤충·동물매개 감염인자 등 확인
	인간공학적 인자	근골격계 부담작업, 직무스트레스 등 확인

예시 유해·위험 화학물질 관리대장

화학물질명	CAS No	폭발한계(%)		노출기준	인화점(℃)	발화점(℃)	발암성	유해성 위험성 구분	산업안전보건법에 따른 관리기준	일일 사용량	저장량	비고
		하한	상한									

자료: 안전보건공단 안전보건관리체계 구축가이드

(5) 위험장소, 작업형태 및 내용별 위험요인 파악

유해·위험요인을 파악하거나 위험성 평가 시에는 특정 장소, 특정 기계·기구별 등 개별적 유해·위험요인을 찾아내는 것도 중요하지만, 작업장소-작업내용-작업방법-작업형태-사용기계·기구-작업장의 날씨 등을 전체적으로 통합해서 유해·위험요인을 찾아내는 것도 중요하다.

용접·용단 작업이라도 옥외에서 수행하는 작업과 지하공간 또는 밀폐공간에서 작업하는 것은 예상되는 재해발생 형태가 달라질 수 있기 때문에 잠재된 유해·위험요인도 다를 수 있다.

아래의 표는 위험장소 및 작업형태, 재해유형에 따른 다양한 위험요인을 예시적으로 나타낸 것이다.

> **예시** 위험장소 및 작업형태를 고려한 유해·위험요인
>
> - 고소작업 시 추락 및 낙하물 충돌 위험
> - 밀폐공간 내 용접·용단작업 시 화재·폭발위험 및 질식사고, 폐질환 위험
> - 기계·기구 정비 및 수리작업 시 끼임 및 협착사고 위험
> - 중량물 양중기작업 시 낙하물 충돌 및 협착, 전도사고 위험
> - 전기작업 시 감전 위험
> - 상하차 중량물 취급 시 근골격계질병 발병 위험
> - 교대근무 및 야간근무, 장시간 과로 및 업무스트레스 등으로 인한 뇌심혈관질환 발병 위험
> - 장시간 모니터작업 시 안질환 및 수근관증후군 위험
> - 지게차 및 차량계 하역기계 작업 시 협착 및 전도사고 위험
> - 굴착작업 및 건축물 해체작업 시 붕괴 및 장비 전도 위험
> - 상하 동시작업 시 낙하물에 의한 충돌 위험
> - 건설 현장 혹서기 옥외작업 시 열사병 등 온열질환
> - 건설 현장 동계 옥외작업 시 동상 및 급성 심근경색질환 발병 위험

(6) 건설 현장의 위험요인 파악

건설 현장은 원청 및 많은 협력업체 소속 작업자가 수시로 바뀌고, 대부분 작업공정이 한시적이고 유동적이며, 위험한 중장비가 동시에 투입되기도 하고, 작업자들이 옥외에 노출된 채로 작업하기 때문에 모든 건설 현장의 유해·위험요인을 한 번에 파악해 한 번에 제거·대체 및 통제하는 방법은 없다.

건설공사에서 중대산업재해를 예방하기 위해서는 공사 전 과정에 걸쳐 예상되는 주요 재해 유형별 위험요인(추락, 낙하, 협착, 화재·폭발, 질식, 감전, 온열질환 및 동상, 근골격계질환), 주요 건설기계·장비별 위험요인, 주요 작업형태 및 작업공정별 위험요인, 주요 위험작업 장소별 위험요인 등 위험요인별로 체계적으로 관리할 필요가 있다.

위험성 평가를 실시하는 경우에는 발주처·시행사·시공사·협력업체 각각 위험성 평가를 실시하되, 건설 현장 안전보건에 관한 노사협의체 등을 통해 각 단위에서 실시한 위험성 평가 결과를 서로 공유해야 한다.

한 장소에 여러 업체가 동시에 작업함으로 발생되는 혼재작업 등으로 인한 재해를 예방하기 위해 발주자는 안전보건조정자를 선임해 공사시간 및 작업방법 등을 조절하는 절차를 반드시 마련해야 한다. 특히 건설 현장은 발주단계에서부터 설계-시공-준공 단계에 이르기까지 위험요인을 지속적으로 확인할 수 있는 절차가 필요하고, 확인된 주요 위험요인에 대해서는 즉시 현장에서 개선될 수 있도록 시스템을 구축해야 한다.

위험요인을 개선했지만 작업 중에 추락, 붕괴, 화재·폭발 등의 위험이 예상되면 관리자뿐만 아니라 협력업체 작업자 누구나 '작업 중지' 조치를 내릴 수 있도록 하고, 안전이 확보된 후에 작업을 재개하는 절차를 마련하는 것이 중요하다.

최근 산업안전보건법에서는 건설계획 및 설계단계에서부터 재해를 예방하기 위해 발주자에 대한 안전보건의무를 강조하고 있다. 건설공사 발주자는 착공 전 기본안전보건대장 및 설계안전보건대장을 작성해서 사전에 유해·위험요인을 분석해 대책을 마련하고, 시공자에게 공사안전보건대장을 작성하도록 하고 이를 관리·감독해야 한다. 그리고 2개 이상의 건설공사를 도급한 건설공사 발주자는 그 2개 이상의 건설공사가 같은 장소에서 행해지는 경우 작업의 혼재로 인해 발생할 수 있는 산업재해를 예방하기 위해 건설공사 현장에 안전보건조정자를 두어야 한다.

한편 발주자에게 건설공사를 수주한 시공자는 협력업체 근로자들의 안전보건을 확보하기 위해 산업안전보건법상 건설공사 도급인의 의무를 이행해야 한다. 즉 협력업체 근로자들의 재해를 예방하기 위해 사전에 위험성 평가 및 재해를 예방하기 위한 필요한 안전보건조치를 해야 한다.

산업안전보건법에서는 건설공사의 재해예방을 위해 사업주 및 발주자 등에게 다음과 같은 안전보건의무를 부여하고 있다.

❶ **위험성 평가**(산업안전보건법 제36조)
사업주는 위험성 크기가 허용 가능한 범위인지 평가하고 근로자에 대한 위험을 방지하기 위한 조치를 해야 한다. 이때 근로자를 참여시켜야 하며 위험성 평가 결과와 조치사항을 기록·보존해야 한다.

❷ **발주자의 안전보건대장 작성 및 관리·감독 의무**(산업안전보건법 제67조)
발주자는 산업재해 예방을 위해 기본안전보건대장을 작성해야 한다. 설계 시 설계자로 하여금 설계안전보건대장을 작성하도록 감독하고, 건설공사를 최초로 도급받은 수급인이 공사안전보건대장을 작성하도록 관리·감독해야 한다.

❸ **안전조치**(산업안전보건법 제38조)
사업주는 근로자가 추락할 위험이 있는 장소 등에서 작업을 할 때 발생할 수 있는 산업재해를 예방하기 위해 필요한 조치를 해야 한다.

❹ **보건조치**(산업안전보건법 제39조)
사업주는 산소 결핍 등에 의한 건강장해를 예방하기 위해 필요한 조치를 해야 한다.

❺ **안전보건점검**(산업안전보건법 제64조제1항제2호, 제2항)
도급인은 2일에 1회 이상 순회점검을 실시하고 도급인, 관계수급인 및 각 근로자는 2개월에 1회 이상 합동안전·보건점검을 실시해야 한다.

❻ 기계·기구 등에 대한 도급인의 안전조치(산업안전보건법 제76조)

건설공사 도급인은 타워크레인, 건설용 리프트, 항타기 및 항발기를 작동하거나 설치·해체·조립하는 등의 작업이 이루어지고 있는 경우에는 소유자 등과 합동 안전점검, 작업계획서 작성 및 이행 여부, 작업자 자격·면허, 기계·기구와 관련한 안전보건조치 등을 실시·확인해야 한다.

❼ 건설기계 대여자 등의 조치(산업안전보건법 제81조)

건설기계 등의 대여자는 대여하는 기계를 점검·보수·정비하고, 기계 정보에 대해 서면 발급 및 설·해체 작업자의 자격 및 장비 등을 확인해야 하며, 대여받는 자는 기계를 조작하는 사람의 자격 여부 확인 및 조작하는 사람에게 작업내용 및 신호방법 등 필요한 사항을 주지시켜야 한다.

❽ 공사기간 단축 및 공법변경 금지(산업안전보건법 제69조)

발주자는 설계도서 등에 따라 산정된 공사기간을 단축해서는 안 되며, 공사비를 줄이기 위해 위험성 있는 공법을 사용하거나 정당한 사유 없이 정해진 공법을 변경하는 것이 금지된다.

❾ 건설공사 기간 연장(산업안전보건법 제70조)

건설공사 발주자는 태풍·홍수 등 불가항력 또는 건설공사 발주자의 책임 사유로 발생한 착공 지연, 시공 중단 중에 해당 건설공사 도급인이 산재 예방을 위해 공사기간 연장 요청 시 특별한 사유가 없으면 공사기간을 연장해야 한다.

또한 건설공사의 관계수급인은 불가항력 또는 건설공사 도급인에게 책임이 있는 사유로 착공이 지연되거나 시공이 중단돼 해당 건설공사가 지연된 경우에 산업재해 예방을 위해 건설공사 도급인에게 공사기간의 연장을 요청할 수 있고, 이 경우 건설공사 도급인은 특별한 사유가 없으면 공사기간을 연장하거나 건설공사 발주자에게 그 기간의 연장을 요청해야 한다.

[그림 2] 산업안전보건법상 공사단계별 안전보건 활동 절차

구분	계획단계	설계단계	착공단계	시공단계	준공단계
산업안전 보건법	기본안전보건대장 작성 산업안전보건 관리비 계상	설계안전보건대장 작성 확인	공사안전보건대장 작성 확인 산업안전보건 관리비 계상 최초위험성평가 작성 확인 안전보건관리체계 구축 확인 유해위험방지 계획서 심사결과 조치확인 안전보건조정자의 선임 건설공사의 산업 재해 예방지도	공사안전보건대장 이행 확인 산업안전보건 관리비 집행 확인 수시·정기 위험성 평가 실시 확인 안전보건관리체계 운영 확인 공사기간 단축 및 공법 변경 금지 건설공사 기간의 연장 요청 검토 확인 및 승인 건설공사 기간의 검토 확인 및 승인 주말·휴일 작업계획서 확인 승인	산업안전보건 관리비 정산

자료: 시공사 관계자 안전업무가이드북(서울시)

(7) 유해·위험요인 개선 절차·방법에 대한 이해

"유해·위험요인을 개선하기 위한 '절차'"란 확인된 유해·위험요인을 체계적으로 분류·관리하고, 유해·위험요인별로 제거·대체 및 통제하는 방안을 마련하고, 현장작업자·관리감독자·안전보건담당자와 함께 개선 방안을 마련하는 일련의 절차를 말한다.

"유해·위험요인을 개선하기 위한 절차"에는 재해 유형, 위험 기계·기구·설비, 유해인자, 위험장소 및 작업 방법 등에 대한 충분한 안전 및 보건조치가 포함돼야 하고, 충분한 조치가 이행되지 않았다면 유해·위험요인이 제거·대체 및 통제 등 개선될 때까지는 원칙적으로 작업을 중지하고 조치가 완료된 후 작업을 개시하도록 하는 내용이 포함돼야 한다.

> **유해·위험요인 제거·대체 및 통제 절차**
>
> ① 유해·위험요인을 유형별로 분류(위험기계, 유해인자, 위험장소, 작업형태)
> ② 유해·위험요인의 확인 및 발굴
> ③ 유해·위험요인별 위험성 평가 및 위험성의 결정
> ④ 유해·위험요인별 제거·대체 및 통제 방안 마련(제거→대체→공학적 대책→관리적 대책→개인보호구 지급 순)
> ⑤ 위험성 감소대책 실시를 위한 예산·인력 등 지원 배정
> ⑥ 종합대책 확정 및 이행
> ⑦ 이행 과정 및 결과를 모든 구성원이 공유
> ⑧ 위험성 평가 전 과정에 대한 교육·훈련 실시(경영자 및 관리자, 관리감독자, 도급·용역·위탁 종사자 등 모든 구성원 참여)

발굴된 유해·위험요인은 제거하거나 유해·위험하지 않은 것으로 대체하는 것이 가장 좋고, 제거 및 대체가 불가능하다면 공학적인 대책을 강구해야 한다. 공학적 대책도 어렵다면 관리적·행정적 대책을 수립하고, 행정적 대책도 어렵다면 마지막으로 개인보호구를 착용하도록 조치해야 한다.

예시 　 **위험요인별 제거·대체 및 통제방안**

구분	제거·대체	공학적 통제	행정적 통제	보호구 착용 방안
건설현장 개구부	설계·시공 시 개구부 최소화	안전난간 또는 덮개 설치	'추락위험 표지판' 설치	안전모·안전대 착용
끼임 위험 기계·기구	끼임 위험이 없는 자동화 기계 도입	덮개 등 방호장치 설치	• 'Lock Out, Tag Out' • 작업허가제 도입	말려들어 갈 위험이 없는 작업복 착용
유해 화학물질	• 유해물질 제거 또는 저독성 물질로 대체 예) 메탄올→에탄올	• 국소배기장치 설치 • 누출방지조치 등	• 작업절차서 준수 • 작업환경측정을 통한 노출관리	• 방독마스크·내화학장갑 • 보안경 등 착용
인화성 가스	• 인화성 완화 예) 아세틸렌 LPG	• 전기설비 방폭 조치 (점화원 관리) • 가스검지기·긴급차단 장치연동설치 • 환기·배기장치 설치	• 작업절차서 준수 • 정비작업허가제 도입	• 제전작업복 착용 • 가스검지기 휴대 • 방폭공구 사용
밀폐공간	• 밀폐공간 내부 기계·기구 제거 예) 내부모터→외부모터	• 환기·배기장치 설치 • 유해가스 경보기 설치	• 출입금지표지판 설치 • 작업허가제 도입 • 감시인 배치	송기마스크

자료: 안전보건공단 안전보건관리체계 구축 가이드

(8) 안전작업허가제(P.T.W: Permit to Work)

최근 유해·위험업무의 외주화가 급격히 확대되고, 도급 사업장의 중대재해 사망자 대부분이 하청 소속 근로자인 경우가 많아 도급사업의 안전보건관리가 더욱 중요해지고 있다. 안전작업허가제는 유해·위험 작업 중 중대재해까지 발생될 수 있는 고위험 작업 시에는 원청 및 본사의 검토 및 승인을 거쳐 안전하게 작업하도록 하는 제도를 말하고, 많은 도급 사업장에서 시행하고 있다.

[그림 3] 작업허가절차 예시도

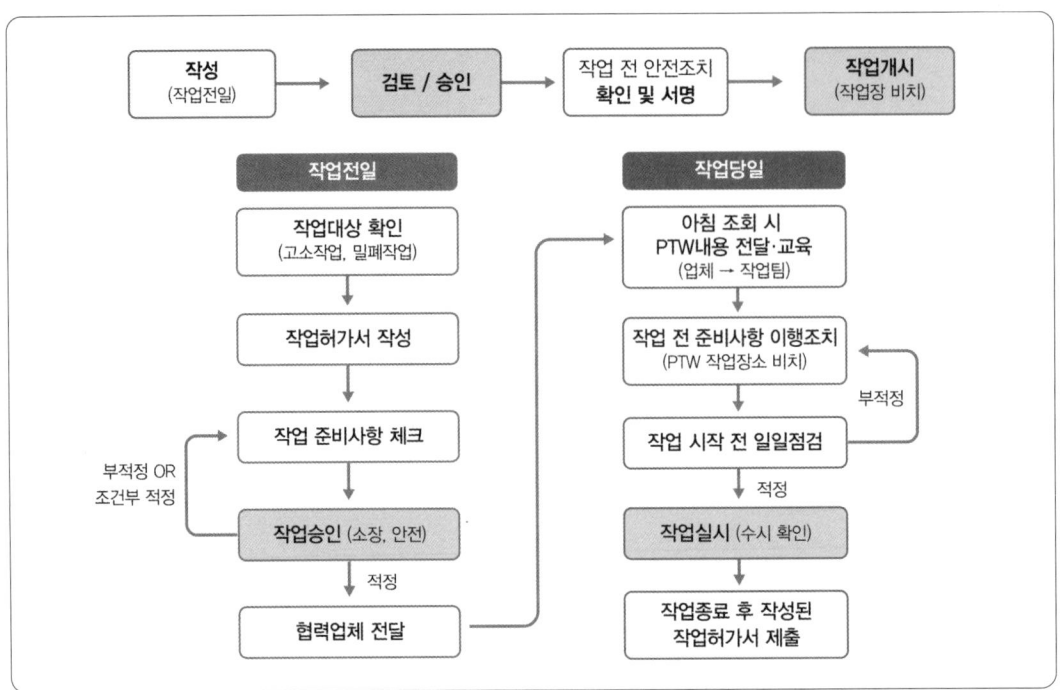

자료: 고용노동부 중대재해처벌법 예방 가이드

※ 사업장에서 유해·위험요인을 찾아내고 감소대책을 수립하기 위한 가장 대표적 기법의 하나인 위험성평가제도는 부록에서 자세하게 살펴본다.

■ 자율점검표 3

유해·위험요인 파악 및 개선방안

자율점검항목	적정	부적정	비고
보유하고 있는 기계·기구·설비 등에 대한 점검·정비 절차가 주기적으로 이뤄지고 있는가?	☐	☐	
위험작업 시 내부규정에 의한 "작업허가제"를 운영하고 있는가?	☐	☐	
기계설비 등의 정비·청소·수리 등의 비정형 작업 시 작업허가제, LOTO(Lock Out, Tag Out) 절차를 운영하고 있는가?	☐	☐	
위험요인에 대한 정보를 위험기계·기구·설비, 유해인자, 위험장소, 작업형태별로 관리대장을 작성하고 있는가?	☐	☐	
사업장 구성원이 위험기계·기구·설비, 유해인자, 위험장소, 작업형태별 위험요인을 대부분 알고 있는가?	☐	☐	
새로운 기계·기구·설비 도입, 화학물질 변경, 운전조건 변화 등 공정 변경 시 사전에 위험성 평가 실시 등 안전을 고려하는 절차가 있는가?	☐	☐	
위험요인 발굴은 주기적인 절차에 따라 이뤄지고 있는가?	☐	☐	
위험요인 발굴은 안전보건 부서 외에 현장작업자 등 모든 근로자가 참여하고 있는가?	☐	☐	
수급업체 근로자뿐만 아니라 파견업체, 공급·판매업체, 고객 등 모든 구성원이 위험요인을 신고·제보할 수 있는 절차를 운영하고 있는가?	☐	☐	
재해발생 시, 기계·장비 도입 등 위험요인 변경 시 수시로 위험요인을 점검하고 있는가?	☐	☐	
산업재해 및 아차사고까지 내부규정에 따라 재해조사 절차를 마련하고 있는가?	☐	☐	
산업재해 및 아차사고에 대한 조사 및 개선방안이 경영책임자에게 전달되고 있는가?	☐	☐	
파악된 위험요인에 대해 체계적인 평가(위험성 평가)를 진행하고 있는가?	☐	☐	
위험성 평가 시기, 대상, 방법, 인원 구성 등을 세부적으로 정한 내부규정이 있는가?	☐	☐	
위험성 평가에 따라 위험성을 추정·결정해 위험요인별 감소대책을 마련하고 이행하고 있는가?	☐	☐	
위험성 감소 대책마련 시 행정적 통제 및 개인보호구 착용보다 제거·대체, 공학적 통제 등을 우선 고려하고 있는가?	☐	☐	
위험요인별 개선방안이 결정되면 개선시기, 예산·인력 배정 방안, 담당자 지정을 포함한 종합적인 대책을 마련하고 있는가?	☐	☐	
위험성 발굴, 평가, 제거 및 감소대책 마련 시 안전보건 부서 외에 현장작업자 참여가 이뤄지고 있는가?	☐	☐	
정비·보수 등 비정형 작업의 경우 위험성 평가 등을 실시해 작업 위험요인을 파악하고 있는가?	☐	☐	

6. 어떻게 예산을 편성하고 집행할 것인가

가. 관련 법률

중대재해처벌법 시행령

제4조(안전보건관리체계의 구축 및 이행 조치) 법 제4조제1항제1호에 따른 조치의 구체적인 사항은 다음 각 호와 같다.
4. 다음 각 목의 사항을 이행하는 데 필요한 예산을 편성하고 그 편성된 용도에 맞게 집행하도록 할 것
   가. 재해 예방을 위해 필요한 안전·보건에 관한 인력, 시설 및 장비의 구비
   나. 제3호에서 정한 유해·위험요인의 개선
   다. 그 밖에 안전보건관리체계 구축 등을 위해 필요한 사항으로서 고용노동부 장관이 정하여 고시하는 사항

나. 이행 방안

(1) 안전·보건 예산 편성 및 집행의 의미

안전·보건 예산의 특징은 다른 예산 항목과 달리 그 규모가 축소되더라도 매출과 생산에 직접적인 영향을 주지 않는다는 점이다. 이에 안전·보건 예산은 다른 예산 항목에 밀려 과소 책정되거나 삭감되는 경우가 많다. 따라서 사업주와 경영책임자등의 의지가 뒷받침되지 않는다면 안전·보건 관리를 위한 예산이 제대로 책정되고 집행되기 어렵다. 중대재해처벌법은 실질적인 안전·보건 관리를 위해 사업주 또는 경영책임자등에게 안전·보건 예산 편성 및 집행 의무를 부여하고 있다.

안전·보건에 관한 인력·시설 및 장비 구비를 위한 예산이란 기본적인 안전·보건 관리에 소요되는 시설 확충, 장비 마련, 관리자 등 인력의 배치와 교육훈련 등에 소요되는 비용을 충당하

기 위한 예산을 의미한다. 가장 기본이 되는 최저 예산의 항목 및 규모는 산업안전보건법에 규정된 안전상의 조치, 보건상의 조치 등을 준수하기 위한 항목과 규모가 될 것이고 기업별 특성에 따라 실질적인 안전·보건 관리를 위한 항목과 규모로 편성해야 할 것이다.

유해·위험요인 개선에 필요한 예산이란 시행령 제4조 제3호에 따른 업무절차에 따라 확인된 유해·위험요인을 개선하는 데 소요되는 예산을 말한다. 예를 들어 산업안전보건법 제36조에 따라 위험성 평가를 실시해 유해·위험요인을 확인하고 개선 방안을 마련하면, 그 유해·위험요인을 제거하고 이를 대체하기 위해서는 일정한 예산이 필요할 것이다. 그 제거와 대체 등을 위해서는 일정 기간 작업을 중단하고 전문 인력을 투여해야 하므로, 이와 관련한 예산도 필요하다.

(2) 안전·보건 예산 편성 및 집행 시 고려 사항

중대재해처벌법은 예산 편성 항목과 규모를 별도로 제시하고 있지 않다. 이와 관련해 고용노동부는 안전보건계획을 수립할 때 참고할 수 있는 가이드라인을 제시한 바 있는데, 예산 편성 시 참고할 만한 유익한 자료로 판단된다. 이 가이드라인에 따르면 사업장의 안전·보건 예산 편성 시 고려해야 할 사항은 아래 표의 내용과 같다.

안전·보건 예산 편성 시 고려해야 할 사항

사업장의 안전보건 예산 반영 시 고려해야 할 사항
- 필요한 비용 등이 예산에 충분히 반영됐는지 평가 필요

- 설비 및 시설물에 대한 안전점검 비용
- 안전관련 물품 및 보호구 등 구입 비용
- 안전진단 및 컨설팅 비용
- 작업환경개선 및 근골격계질환 예방 비용
- 안전보건지원을 촉진하기 위한 캠페인 등 지원
- 근로자 안전보건교육 훈련 비용
- 작업환경측정 및 특수건강검진 비용
- 위험설비 자동화 등 안전시설 개선 비용
- 안전보건 우수사례 포상 비용

자료: 고용노동부, 대표이사의 안전보건계획 수립 가이드, 2020, 9쪽

재해 예방을 위해 필요한 인력은 단순히 안전관리자·보건관리자 등 전문 인력만을 의미하는 것이 아니다. 산업안전보건법 등에서 정하고 있는 인력의 배치 기준을 충족시키기 위한 인력의 충분한 배치를 의미한다. 아래 표의 내용을 참고하기 바란다.

> **예시** **인력 배치 기준**
>
> - 타워크레인 작업 시 신호수 배치(산업안전보건기준에 관한 규칙 제146조제3항)
> - 스쿠버 잠수작업 시 2명이 1조를 이루어 잠수작업을 하도록 할 것(산업안전보건기준에 관한 규칙 제545조제1항)
> - 생활폐기물 운반 시 3명이 1조를 이루어 작업할 것(폐기물관리법 시행규칙16조의3 제2항제3호나목)
> - 2인1조로 근무해야 하는 위험작업과 그중 6개월 미만인 근로자가 단독으로 수행할 수 없는 작업에 대한 기준 마련(공공기관의 안전관리에 관한 지침 제14조제3항) 등

자료: 고용노동부 중대재해처벌법 해설서, 2021, 73쪽

편성된 예산은 애초 계획과 목표에 맞게 집행돼야 한다. 만약 예산이 편성됐으나 실제로 집행되지 않았다면 이는 중대재해처벌법 제4조의 의무를 다한 것으로 볼 수 없고, 이 상태에서 중대재해가 발생했다면 사업주와 경영책임자등은 중대재해처벌법에 따른 처벌 대상이 될 수 있다.

(3) 예산 편성 지침 작성의 중요성

앞서 살펴봤듯이, 안전·보건 예산은 경영자나 관리자의 의지에 따라 그 규모와 항목이 크게 변화할 수 있다. 때로는 다른 예산 항목에 밀려 큰 폭으로 삭감되는 경우가 발생하기도 한다. 안전·보건 예산을 안정적으로 확보·관리하기 위해서는 안전보건 예산 편성 지침을 작성해 운영하는 것이 필요하다.

안전보건 예산의 안정적인 확보·관리는 안정적인 재해 예방 활동을 위한 기초다. 지침에 포함해야 하는 일반적인 사항은 아래 표의 내용을 참고하기 바란다.

안전보건 예산 편성 지침의 내용

- 조직의 미션·비전에 안전보건 역할과 목표 규정
- 조직의 안전보건 경영전략과 경영방침 내용
- 구체적인 내용으로 수치화된 안전보건 경영목표(재해율, 보험 지불액, 의료비 부담비용, 안전문화 수준 등)
- 필요하면, 사업장별 안전보건 경영목표
- 예산 집행기간 동안의 국내·외 경영환경, 경제변수, 경기 동향, 정부 정책, 동 업계 동향 등
- 예산 수립연도 안전보건 목표 달성을 위한 프로그램화된 경영계획
- 협력업체 및 지역사회와의 협력에 대한 구체적 방안
- 안전보건 증진을 위한 설비자산의 유지·보수 계획, 증설계획 등
- 안전보건 담당 전문 인원 수급계획 및 복리후생시설 기준
- 필요자금 조달계획
- 예산 편성 일정

자료: 한국안전문화진흥원, 안전보건 예산 수립에 관한 가이드라인, 2019, 11쪽

(4) 건설업 산업안전보건관리비와의 관계

건설업의 경우는 산업안전보건법에서 건설공사 발주자에 대해 산업안전보건관리비 편성 및 사용을 위한 구체적 기준을 제시하고 있으므로 건설공사 발주자는 이를 기본적으로 준수해야 한다.

산업안전보건법 제72조에 따라 건설공사 발주자가 도급계약을 체결하거나 건설공사의 시공을 주도해 총괄관리하는 자(건설공사 발주자에게 건설공사를 최초로 도급받은 수급인은 제외한다)가 건설공사 사업계획을 수립할 때에는 고용노동부 장관이 정해 고시하는 바에 따라 산업재해 예방을 위해 사용하는 비용, 즉 산업안전보건관리비를 도급금액 또는 사업비에 계상(計上)해야 한다.

산업안전보건관리비 계상 및 사용 기준은 고용노동부가 고시하는데, 구체적 금액 기준은 아래 표의 내용과 같다.

<표 9> 공사종류 및 규모별 안전관리비 계상 기준표

(단위: 원)

공사종류 \ 구분	대상액 5억원 미만인 경우 적용 비율(%)	대상액 5억원 이상 50억원 미만인 경우 적용 비율(%)	대상액 5억원 이상 50억원 미만인 경우 기초액	대상액 50억원 이상인 경우 적용 비율(%)	시행령 별표5에 따른 보건관리자 선임 대상 건설공사의 적용비율(%)
일반건설공사(갑)	2.93%	1.86%	5,349,000원	1.97%	2.15%
일반건설공사(을)	3.09%	1.99%	5,499,000원	2.10%	2.29%
중건설공사	3.43%	2.35%	5,400,000원	2.44%	2.66%
철도·궤도신설공사	2.45%	1.57%	4,411,000원	1.66%	1.81%
특수및기타건설공사	1.85%	1.20%	3,250,000원	1.27%	1.38%

고용노동부 고시에 따르면 산업안전관리비는 반드시 근로자의 산재 및 건강장해 예방을 위한 목적으로만 사용돼야 한다.

건설업 산업안전보건관리비 사용 기준

1. 안전관리자·보건관리자의 임금 등
    가. 법 제17조제3항 및 법 제18조제3항에 따라 안전관리 또는 보건관리 업무만을 전담하는 안전관리자 또는 보건관리자의 임금과 출장비 전액
    나. 안전관리 또는 보건관리 업무를 전담하지 않는 안전관리자 또는 보건관리자의 임금과 출장비의 각각 2분의 1에 해당하는 비용
    다. 안전관리자를 선임한 건설공사 현장에서 산업재해 예방 업무만을 수행하는 작업지휘자, 유도자, 신호자 등의 임금 전액

라. 별표 1의2에 해당하는 작업을 직접 지휘·감독하는 직·조·반장 등 관리감독자의 직위에 있는 자가 영 제15조제1항에서 정하는 업무를 수행하는 경우에 지급하는 업무수당(임금의 10분의 1 이내)

2. 안전시설비 등

   가. 산업재해 예방을 위한 안전난간, 추락방호망, 안전대 부착설비, 방호장치(기계·기구와 방호장치가 일체로 제작된 경우, 방호장치 부분의 가액에 한함) 등 안전시설의 구입·임대 및 설치를 위해 소요되는 비용
   나. 「건설기술진흥법」 제62조의3에 따른 스마트 안전장비 구입·임대 비용의 5분의 1에 해당하는 비용. 다만, 제4조에 따라 계상된 안전보건관리비 총액의 10분의 1을 초과할 수 없다.
   다. 용접 작업 등 화재 위험작업 시 사용하는 소화기의 구입·임대비용

3. 보호구 등

   가. 영 제74조제1항제3호에 따른 보호구의 구입·수리·관리 등에 소요되는 비용
   나. 근로자가 가목에 따른 보호구를 직접 구매·사용하여 합리적인 범위 내에서 보전하는 비용
   다. 제1호가목부터 다목까지의 규정에 따른 안전관리자 등의 업무용 피복, 기기 등을 구입하기 위한 비용
   라. 제1호가목에 따른 안전관리자 및 보건관리자가 안전보건 점검 등을 목적으로 건설공사 현장에서 사용하는 차량의 유류비·수리비·보험료

4. 안전보건진단비 등

   가. 법 제42조에 따른 유해위험방지계획서의 작성 등에 소요되는 비용
   나. 법 제47조에 따른 안전보건진단에 소요되는 비용
   다. 법 제125조에 따른 작업환경 측정에 소요되는 비용
   라. 그 밖에 산업재해예방을 위해 법에서 지정한 전문기관 등에서 실시하는 진단, 검사, 지도 등에 소요되는 비용

5. 안전보건교육비 등

   가. 법 제29조부터 제31조까지의 규정에 따라 실시하는 의무교육이나 이에 준하여 실시하는 교육을 위해 건설공사 현장의 교육 장소 설치·운영 등에 소요되는 비용
   나. 가목 이외 산업재해 예방 목적을 가진 다른 법령상 의무교육을 실시하기 위해 소요되는 비용
   다. 안전보건관리책임자, 안전관리자, 보건관리자가 업무수행을 위해 필요한 정보를 취득하기 위한 목적으로 도서, 정기간행물을 구입하는 데 소요되는 비용
   라. 건설공사 현장에서 안전기원제 등 산업재해 예방을 기원하는 행사를 개최하기 위해 소요되는 비용. 다만, 행사의 방법, 소요된 비용 등을 고려하여 사회통념에 적합한 행사에 한한다.
   마. 건설공사 현장의 유해·위험요인을 제보하거나 개선방안을 제안한 근로자를 격려하기 위해 지급하는 비용

6. 근로자 건강장해예방비 등
    가. 법·영·규칙에서 규정하거나 그에 준하여 필요로 하는 각종 근로자의 건강장해 예방에 필요한 비용
    나. 중대재해 목격으로 발생한 정신질환을 치료하기 위해 소요되는 비용
    다. 「감염병의 예방 및 관리에 관한 법률」 제2조제1호에 따른 감염병의 확산 방지를 위한 마스크, 손소독제, 체온계 구입비용 및 감염병병원체 검사를 위해 소요되는 비용
    라. 법 제128조의2 등에 따른 휴게시설을 갖춘 경우 온도, 조명 설치·관리기준을 준수하기 위해 소요되는 비용

7. 법 제73조 및 제74조에 따른 건설재해예방전문지도기관의 지도에 대한 대가로 지급하는 비용

8. 「중대재해 처벌 등에 관한 법률」 시행령 제4조제2호나목에 해당하는 건설사업자가 아닌 자가 운영하는 사업에서 안전보건 업무를 총괄·관리하는 3명 이상으로 구성된 본사 전담조직에 소속된 근로자의 임금 및 업무수행 출장비 전액. 다만, 제4조에 따라 계상된 안전보건관리비 총액의 20분의 1을 초과할 수 없다.

9. 법 제36조에 따른 위험성평가 또는 「중대재해 처벌 등에 관한 법률 시행령」 제4조제3호에 따라 유해·위험요인 개선을 위해 필요하다고 판단하여 법 제24조의 산업안전보건위원회 또는 법 제75조의 노사협의체에서 사용하기로 결정한 사항을 이행하기 위한 비용. 다만, 제4조에 따라 계상된 안전보건관리비 총액의 10분의 1을 초과할 수 없다.

    산업안전보건관리비를 편성했다고 해서 중대재해처벌법상 예산 편성 의무를 다했다고 보기는 어렵다. 산업안전보건보건관리비는 산업안전보건법상 의무를 이행하기 위한 최소한의 예산으로 인식되는 것이 타당하다. 따라서 산업안전보건관리비를 기본으로, 재해 예방을 위해 필요한 안전·보건에 관한 인력·시설 및 장비 구비, 유해·위험요인의 개선에 필요한 예산 편성이 실질적으로 이뤄질 수 있도록 해야 한다.

    소규모 영세기업의 경우 재해 예방을 위한 예산의 확충과 집행이 어려울 수 있다. 실제로 유해·위험요인을 확인하고도 예산 부족으로 인해 이를 방치하거나 제대로 된 개선을 하지 않는 경우도 있다. 이 경우 안전보건공단 등에서 실시하는 지원제도를 활용할 수 있다.

    이와 관련한 주요 자원제도의 구체적인 내용은 안전보건공단 홈페이지를 참고하기 바란다.

안전·보건 예산 편성 및 집행

자율점검항목	적정	부적정	비고
매년 안전보건 예산계획를 수립하는가?	☐	☐	
안전보건 예산계획 수립 시 안전보건 예산 편성 지침에 따라 계획을 수립하는가?	☐	☐	
안전보건 예산에 안전보건 인력 및 시설, 장비 구비를 위한 예산 외에 유해·위험요인 개선을 위한 예산도 포함돼 있는가?	☐	☐	
안전보건 예산 업무를 관리하는 담당자가 선임돼 있는가?	☐	☐	
안전보건 예산계획 수립 시 수급업체 종사자 보호를 위한 예산도 포함돼 있는가?	☐	☐	
안전보건 예산은 이사회 승인을 거쳐 집행되고 있는가?	☐	☐	
안전보건 예산 수립 시 산업안전보건위원회 등 종사자의 의견을 청취할 수 있는 제도를 마련하고 있는가?	☐	☐	
예산의 집행은 애초 세워 둔 안전보건 예산계획에 따라 집행되고 있는가?	☐	☐	

7. 안전보건책임자 등의 충실한 업무 수행을 위해 무엇을 할 것인가

가. 관련 법률

중대재해처벌법 시행령

제4조(안전보건관리체계의 구축 및 이행 조치) 법 제4조제1항제1호에 따른 조치의 구체적인 사항은 다음 각 호와 같다.
5. 「산업안전보건법」 제15조, 제16조 및 제62조에 따른 안전보건관리책임자, 관리감독자 및 안전보건총괄책임자(이하 이 조에서 "안전보건관리책임자등"이라 한다)가 같은 조에서 규정한 각각의 업무를 각 사업장에서 충실히 수행할 수 있도록 다음 각 목의 조치를 할 것
  가. 안전보건관리책임자등에게 해당 업무 수행에 필요한 권한과 예산을 줄 것
  나. 안전보건관리책임자등이 해당 업무를 충실하게 수행하는지를 평가하는 기준을 마련하고, 그 기준에 따라 반기 1회 이상 평가·관리할 것

나. 이행 방안

산업안전보건법상 일정 규모 이상 사업주라면 의무적으로 안전보건관리책임자(안전보건총괄관리책임자) 및 관리감독자를 선임해야 한다. 중대재해처벌법에서는 선임 의무 외에 산업안전보건법에 정해진 각각의 업무를 충실히 수행할 수 있도록 조치하는 것을 사업주와 경영책임자등의 의무로 다시 한번 강조하고 있다. 사업주와 경영책임자등은 안전보건관리책임자 및 관리감독자에게 업무 수행에 필요한 권한과 예산을 부여하고, 해당 업무를 충실하게 수행하는지를 평가하는 기준을 마련해 그 기준에 따라 정기적으로 평가·관리하도록 하고 있다.

산업안전보건법에서 산재 예방을 위해 안전보건관리책임자 등을 두도록 하고 있음에도 중대재해처벌법은 사업주와 경영책임자등이 안전보건관리책임자 등에게 사업장 안전·보건에 관

한 제반 업무를 충실히 수행하도록 권한과 예산을 부여하고, 이들이 자신의 업무를 충실히 수행했는지 여부를 평가 및 관리하도록 하고 있다. 안전보건관리책임자와 관리감독자가 안전보건 목표 및 경영방침, 안전보건관리계획을 현장에서 실제 이행하고 평가·관리하는 핵심 라인 체계이기 때문에 이들이 자신의 역할을 다하도록 최선의 지원을 하라는 취지로 해석된다.

안전보건관리책임자 등에 대한 평가 기준은 산업안전보건법에서 정한 역할과 기업 내에서 추가적으로 정한 역할 등을 중심으로 구성하면 된다. 평가 기준은 가능한 한 구체적이고 세부적으로 마련함으로써 형식적인 평가가 아니라 실질적인 평가가 될 수 있어야 한다. 그리고 평가 결과를 인사고과 등에 반영해 결과에 상응하는 인사관리를 하는 것이 바람직하다.

〈표 10〉 산업안전보건법상 안전보건관리책임자 등의 구체적 업무 내용

주체	업무 내용
안전보건관리책임자 (산업안전보건법 제15조)	1. 사업장의 산재예방계획 수립에 관한 사항 2. 안전보건관리규정의 작성 및 변경에 관한 사항 3. 근로자에 대한 안전보건교육에 관한 사항 4. 작업환경측정 등 작업환경의 점검 및 개선에 관한 사항 5. 근로자의 건강진단 등 건강관리에 관한 사항 6. 산업재해의 원인 조사 및 재발방지 대책 수립에 관한 사항 7. 산업재해에 관한 통계의 기록 및 유지에 관한 사항 8. 안전장치 및 보호구 구입 시 적격품 여부 확인에 관한 사항 9. 위험성 평가 실시에 관한 사항 10. 산업안전보건기준에 관한 규칙에서 정하는 근로자 위험 또는 건강장해 방지에 관한 사항
관리감독자 (산업안전보건법 시행령 제15조)	1. 사업장 내 관리감독자가 지휘·감독하는 작업과 관련된 기계·기구 또는 설비의 안전보건 점검 및 이상 유무의 확인 2. 관리감독자에게 소속된 근로자의 작업복·보호구 및 방호장치의 점검과 그 착용·사용에 관한 교육·지도 3. 해당 작업에서 발생한 산업재해에 관한 보고 및 응급조치 4. 해당 작업의 작업장 정리·정돈 및 통로 확보에 대한 확인·감독 5. 안전관리자, 보건관리자, 안전보건관리담당자, 산업보건의 지도·조언에 협조 6. 위험성 평가를 위한 유해·위험요인의 파악 및 개선조치 시행에 참여
안전보건총괄책임자 (산업안전보건법 시행령 제53조)	1. 위험성 평가의 실시에 관한 사항 2. 산업재해가 발생할 급박한 위험이 있는 경우 및 중대재해 발생 시 작업 중지 3. 도급 시 산업재해 예방조치 4. 관계수급인 간 산업안전보건관리비 사용에 관한 협의·조정 및 집행감독 5. 안전인증대상기계 등과 자율안전확인대상기계 등의 사용 여부 확인

| 예시 | **안전보건관리책임자 등의 업무평가표** |

직책	담당업무	평가		
		미흡	보통	양호
안전보건 관리책임자 (성명:)	1. 사업장의 산재예방계획 수립에 관한 사항			
	2. 안전보건관리규정의 작성 및 변경에 관한 사항			
	3. 근로자에 대한 안전보건교육에 관한 사항			
	4. 작업환경측정 등 작업환경의 점검 및 개선에 관한 사항			
	5. 근로자의 건강진단 등 건강관리에 관한 사항			
	6. 산업재해의 원인 조사 및 재발방지 대책 수립에 관한 사항			
	7. 산업재해 통계의 기록 및 유지에 관한 사항			
	8. 안전장치 및 보호구 구입 시 적격품 여부 확인에 관한 사항			
	9. 위험성 평가 실시에 관한 사항			
	10. 산업안전보건기준에 관한 규칙에서 정하는 근로자 위험 또는 건강장해 방지에 관한 사항			
관리감독자 (성명:)	1. 사업장 내 관리감독자가 지휘·감독하는 작업과 관련된 기계·기구 또는 설비의 안전보건 점검 및 이상 유무의 확인			
	2. 관리감독자에게 소속된 근로자의 작업복·보호구 및 방호장치의 점검과 그 착용·사용에 관한 교육·지도			
	3. 해당 작업에서 발생한 산업재해에 관한 보고 및 응급조치			
	4. 해당 작업의 작업장 정리정돈 및 통로 확보에 대한 확인·감독			
	5. 안전관리자, 보건관리자, 안전보건관리담당자, 산업보건의 지도·조언에 협조			
	6. 위험성 평가를 위한 유해·위험요인의 파악 및 개선조치 시행에 참여			
안전보건 총괄책임자 (성명:)	1. 위험성 평가의 실시에 관한 사항			
	2. 산업재해가 발생할 급박한 위험이 있는 경우 및 중대재해 발생 시 작업 중지			
	3. 도급 시 산업재해 예방조치			
	4. 관계수급인 간 산업안전보건관리비 사용에 관한 협의·조정 및 집행감독			
	5. 안전인증대상기계 등과 자율안전확인대상기계 등의 사용 여부 확인			

■ 자율점검표 5

안전보건책임자 등의 충실한 업무수행 평가

자율점검항목	적정	부적정	비고
안전보건책임자 등에 대한 업무분장은 구체적으로 돼 있는가?	☐	☐	
안전보건책임자 등에 대한 평가기준 및 절차는 마련돼 있는가?	☐	☐	
안전보건책임자 등에 대한 평가기준 및 절차는 공정하고 합리적인가?	☐	☐	
안전보건책임자 등에 대한 평가는 정기적으로 시행되고 있는가?	☐	☐	
안전보건책임자 등에 대한 평가 결과를 인사관리와 연계하고 있는가?	☐	☐	
평가결과가 저조한 담당자에 대해서는 교육·훈련 등의 필요한 조치를 취하고 있는가?	☐	☐	
평가결과가 우수한 담당자에 대해서는 인센티브 등 동기부여 정책이 있는가?	☐	☐	

8. 안전보건 전문 인력을 어떻게 배치할 것인가

가. 관련 법률

중대재해처벌법 시행령

제4조(안전보건관리체계의 구축 및 이행 조치) 법 제4조제1항제1호에 따른 조치의 구체적인 사항은 다음 각 호와 같다.
6. 「산업안전보건법」 제17조부터 제19조까지 및 제22조에 따라 정해진 수 이상의 안전관리자, 보건관리자, 안전보건관리담당자 및 산업보건의를 배치할 것. 다만, 다른 법령에서 해당 인력의 배치에 대해 달리 정하고 있는 경우에는 그에 따르고, 배치해야 할 인력이 다른 업무를 겸직하는 경우에는 고용노동부 장관이 정하여 고시하는 기준에 따라 안전·보건에 관한 업무 수행시간을 보장해야 한다.

나. 이행 방안

(1) 전문 인력 배치의 중요성

안전·보건관리 업무를 총괄하는 전담 조직이 설치되고 재해 예방을 위한 예산과 시설 등이 마련되더라도, 실제로 이를 운용하는 인력의 전문성과 경험 정도에 따라 재해 예방 효과가 달라질 수 있다. 따라서 효과적인 재해 예방을 위한 전문 인력을 적절하게 확보하고 배치하는 것은 매우 중요하다.

산업안전보건법에 따르면 일정 요건에 해당하는 사업주는 안전관리자·보건관리자·안전보건담당자·산업보건의 등을 배치해야 한다. 중대재해처벌법은 사업주와 경영책임자등에게 안전 및 보건 확보를 위해 이들 전문 인력을 적절히 배치하도록 정하고 있다. '일정 요건'에 해당하는데도 전문 인력을 배치하지 않은 경우에는 산업안전보건법 위반에 따른 처벌을 받게 되며, 전문 인력을 배치하지 않은 상태에서 중대재해가 발생할 경우에는 중대재해처벌법에 따라 처벌을 받을 수 있다.

산업안전보건법에서 안전관리자·보건관리자·안전보건관리담당자·산업보건의를 선임해야 하는 경우라 할지라도 다른 법령에서 해당 인력의 배치에 대해 다르게 정하고 있으면 그에 따르면 된다. 예를 들어 산업안전보건법 제22조에 따라 산업보건의를 선임해야 하는 사업주라 할지라도 기업활동 규제완화에 관한 특별조치법(기업규제완화법) 제28조에 따라 산업보건의를 선임하지 않아도 중대재해처벌법 위반으로 보지 않는다.

일정 자격 요건을 갖춘 전문 인력이라 할지라도 신규 전문 인력이 각 사업장별 특성에 부합하는 전문성과 경험을 갖추기 위해서는 일정한 교육훈련이 필요하다. 또한 신규 전문 인력이 교육훈련만으로 이를 갖추는 것은 한계가 있으므로 현장 경험이 충분히 축적돼야 한다. 따라서 신규 전문 인력이 가급적 빠른 시간 안에 각 사업장별 특성에 부합하는 전문성과 경험을 갖출 수 있도록 별도의 교육훈련 프로그램을 구축하고 업무를 매뉴얼화하는 것이 필요하다.

(2) 안전관리자

안전관리자란 사업장의 안전에 관한 기술적인 사항에 관해 사업주 또는 안전보건관리책임자를 보좌하고 관리감독자에게 지도·조언하는 업무를 수행한다. 산업안전보건법에서 정하고 있는 안전보건관리자의 업무를 구체적으로 살펴보면 아래와 같다.

안전관리자의 업무

1. 산업안전보건위원회 또는 안전 및 보건에 관한 노사협의체에서 심의·의결한 업무와 해당 사업장의 안전보건관리규정 및 취업규칙에서 정한 업무
2. 위험성 평가에 관한 보좌 및 지도·조언, 안전인증대상기계 등과 자율안전확인대상기계 등 구입 시 적격품의 선정에 관한 보좌 및 지도·조언
4. 사업장 안전교육계획의 수립 및 안전교육 실시에 관한 보좌 및 지도·조언
5. 사업장 순회점검, 지도 및 조치 건의
6. 산업재해 발생의 원인 조사·분석 및 재발방지를 위한 기술적 보좌 및 지도·조언
7. 산업재해에 관한 통계의 유지·관리·분석을 위한 보좌 및 지도·조언

> 8. 법 또는 법에 따른 명령으로 정한 안전 사항의 이행에 관한 보좌 및 지도·조언
> 9. 업무 수행 내용의 기록·유지
> 10. 그 밖에 안전에 관한 사항으로서 고용노동부 장관이 정하는 사항

안전관리자를 두어야 하는 사업의 종류, 상시 근로자 수, 안전관리자 수, 선임 방법 등은 산업안전보건법 시행령 별표3에서 구체적으로 정하고 있다. 다만, 건설업을 제외한 사업으로서 상시 근로자 300명 미만을 사용하는 사업장은 안전관리 업무를 전문적으로 수행하는 기관에 안전관리자의 업무를 위탁할 수 있다.

이 경우 상시 근로자 300명 이상을 사용하는 사업장[건설업의 경우에는 공사금액 120억원(건설산업기본법 시행령 별표1의 종합공사를 시공하는 업종의 건설업종란 제1호에 따른 토목공사업의 경우에는 150억원) 이상인 사업장]은 안전관리자에게 그 업무만을 전담하도록 해야 하고, 다른 업무를 겸직하도록 해서는 안 된다.

(3) 보건관리자

보건관리자는 보건에 관한 기술적인 사항에 관해 사업주 또는 안전보건관리책임자를 보좌하고 관리감독자에게 지도·조언하는 업무를 수행하는 사람이다. 산업안전보건법에서 정하고 있는 보건관리자의 업무를 구체적으로 살펴보면 아래와 같다.

> **보건관리자의 업무**
>
> 1. 산업안전보건위원회 또는 노사협의체에서 심의·의결한 업무와 안전보건관리규정 및 취업규칙에서 정한 업무
> 2. 안전인증대상기계 등과 자율안전확인대상기계 중 보건과 관련된 보호구(保護具) 구입 시 적격품 선정에 관한 보좌 및 지도·조언
> 3. 위험성 평가에 관한 보좌 및 지도·조언

4. 물질안전보건자료의 게시 또는 비치에 관한 보좌 및 지도·조언
5. 산업보건의의 직무(보건관리자가 별표6 제2호에 해당하는 사람인 경우로 한정)
6. 해당 사업장 보건교육계획의 수립 및 보건교육 실시에 관한 보좌 및 지도·조언
7. 해당 사업장의 근로자를 보호하기 위한 다음 각 목의 조치에 해당하는 의료행위 (보건관리자가 별표6 제2호 또는 제3호에 해당하는 경우로 한정)

    가. 자주 발생하는 가벼운 부상에 대한 치료
    나. 응급처치가 필요한 사람에 대한 처치
    다. 부상·질병의 악화를 방지하기 위한 처치
    라. 건강진단 결과 발견된 질병자의 요양 지도 및 관리
    마. 가목부터 라목까지의 의료행위에 따르는 의약품의 투여

8. 작업장 내에서 사용되는 전체 환기장치 및 국소 배기장치 등에 관한 설비의 점검과 작업방법의 공학적 개선에 관한 보좌 및 지도·조언
9. 사업장 순회점검, 지도 및 조치 건의
10. 산업재해 발생의 원인 조사·분석 및 재발 방지를 위한 기술적 보좌 및 지도·조언
11. 산업재해에 관한 통계의 유지·관리·분석을 위한 보좌 및 지도·조언
12. 법 또는 법에 따른 명령으로 정한 보건에 관한 사항의 이행에 관한 보좌 및 지도·조언
13. 업무 수행 내용의 기록·유지
14. 그 밖에 보건과 관련된 작업관리 및 작업환경관리에 관한 사항으로서 고용노동부 장관이 정하는 사항

보건관리자를 두어야 하는 사업의 종류와 상시 근로자 수, 보건관리자의 수, 선임 방법 등은 산업안전보건법 시행령 별표5에서 구체적으로 정하고 있다. 이 경우 상시 근로자 300명 이상을 사용하는 사업장은 보건관리자에게 그 업무만을 전담하도록 해야 하고, 다른 업무를 겸직하도록 해서는 안 된다.

건설업을 제외한 사업(업종별·유해인자별 보건관리전문기관의 경우에는 고용노동부령으로 정하는 사업을 말한다)으로서 상시 근로자 300명 미만을 사용하는 사업장, 외딴곳으로서 고용노동부 장관이 정하는 지역에 있는 사업장의 경우에는 보건관리 업무를 전문적으로 수행하는 기관에 보건관리자 업무를 위탁할 수 있다.

(4) 안전보건관리담당자

제조업, 임업, 하수·폐수 및 분뇨 처리업, 폐기물 수집·운반·처리 및 원료 재생업, 환경 정화 및 복원업의 상시 근로자 20명 이상 50명 미만인 사업장에서는 안전보건관리담당자를 1명 이상 선임해야 한다. 안전보건관리담당자란 사업장에 안전 및 보건에 관해 사업주를 보좌하고 관리감독자에게 지도·조언하는 업무를 수행하는 사람을 말한다. 다만, 안전관리자 또는 보건관리자를 두어야 하는 경우에는 안전보건관리담당자를 선임하지 않아도 된다. 산업안전보건법이 정하고 있는 안전보건관리담당자의 업무를 구체적으로 살펴보면 아래와 같다.

안전보건관리담당자의 업무

1. 안전보건교육 실시에 관한 보좌 및 지도·조언
2. 위험성 평가에 관한 보좌 및 지도·조언
3. 작업환경측정 및 개선에 관한 보좌 및 지도·조언
4. 각종 건강진단에 관한 보좌 및 지도·조언
5. 산업재해 발생의 원인 조사, 산업재해 통계의 기록 및 유지를 위한 보좌 및 지도·조언
6. 산업안전·보건과 관련된 안전장치 및 보호구 구입 시 적격품 선정에 관한 보좌 및 지도·조언

---

(5) 산업보건의

산업보건의는 근로자의 건강관리나 그 밖에 보건관리자의 업무를 지도하는 사람을 말한다. 산업보건의를 두어야 하는 사업장은 앞서 살펴본 보건관리자를 두어야 하는 사업으로서 상시 근로자가 50명 이상인 사업장이다. 다만, 산업보건의는 외부에서 위촉할 수 있으며, 의사를 보건관리자로 선임한 경우나 보건관리전문기관에 보건관리자의 업무를 위탁한 경우에는 산업보건의를 두지 않아도 된다. 그러나 기업규제완화법 제28조에 의해 기업이 산업보건의를 선임해야 할 의무는 사실상 없어진 상태다.

> **기업활동 규제완화에 관한 특별조치법**
>
> **제28조(기업의 자율 고용)** ① 다음 각 호의 어느 하나에 해당하는 사람은 다음 각 호의 해당 법률에도 불구하고 채용·고용·임명·지정 또는 선임(이하 "채용"이라 한다)하지 아니할 수 있다. 〈개정 2011. 4. 14., 2013. 3. 23., 2015. 1. 28., 2016. 1. 6., 2019. 1. 15.〉
> 1. 「산업안전보건법」 제22조제1항에 따라 사업주가 두어야 하는 산업보건의

산업안전보건법이 정하고 있는 산업보건의의 업무를 구체적으로 살펴보면 아래와 같다.

> **산업보건의의 업무**
>
> 1. 건강진단 결과의 검토 및 그 결과에 따른 작업 배치, 작업 전환 또는 근로시간의 단축 등 근로자의 건강보호 조치
> 2. 근로자의 건강장해의 원인 조사와 재발방지를 위한 의학적 조치
> 3. 그 밖에 근로자의 건강 유지 및 증진을 위해 필요한 의학적 조치에 관해 고용노동부 장관이 정하는 사항

(6) 전문 인력의 업무 수행시간 보장

전문 인력을 선임했다고 중대재해처벌법상 의무를 다했다고 볼 수 없다. 반드시 안전보건에 관한 업무 수행시간을 보장해야 한다. 특히 법률에 따라 다른 업무를 겸직하는 경우는 문제가 될 수 있다. 이 경우에는 고용노동부 고시에 따른 업무 수행시간을 보장했는지 여부로 법 위반 여부를 판단할 수 있다.

고용노동부 안전·보건에 관한 업무 수행시간의 기준 고시는 겸직하는 안전관리자, 보건관리자 및 안전보건관리담당자의 안전·보건에 관한 업무 수행시간의 기준을 구체적으로 정하고 있다. 이에 따르면 안전관리자·보건관리자 및 안전보건관리담당자 각각의 안전·보건에 관한 업무

수행을 위한 최소시간은 연간 585시간 이상이 돼야 한다.

다만, 재해 위험이 높은 업종(고용보험 및 산업재해보상보험의 보험료징수 등에 관한 법률 제14조제3항 및 같은 법 시행규칙 제12조에 따라 분류돼 해당 사업장이 가입된 산업재해보상보험상 세부업종을 말한다)에 속하는 사업장의 경우 업무 수행의 최소시간은 연간 702시간이다. 사업장의 상시 근로자가 100명 이상 200명 미만인 사업장의 경우에는 업무 수행의 최소시간에 100시간을, 200명 이상 300명 미만인 사업장의 경우에는 200시간을 추가해야 한다. 참고로 상기 재해 위험이 높은 업종은 아래 표와 같다.

〈표 11〉 재해 위험이 높은 업종

대분류	세부업종	대분류	세부업종
광업	석회석(백운석·대리석 포함) 광업 금속광업 쇄석채취업 기타광물채굴·채취업	제조업	철강및합금철제품제조업 철강또는비철금속주물제조업 각종시멘트제품제조업 시멘트제조업 비철금속의제련또는정련업 지류가공제품제조업
제조업	섬유판제조업 철근콘크리트제품제조업 석회제조업 석재및석공품제조업 기타비금속광물제품제조업 배관공사용부속품제조업 법랑철기및프레스가공제조업 철강재제조업 제강압연업	건설업	건축건설공사 기타건설공사
		운수·창고 및 통신업	소형화물운수업 퀵서비스업 항만운송부대사업
		기타의 사업	위생및유사서비스업

■ 자율점검표 6

안전보건 전문 인력의 배치

자율점검항목	적정	부적정	비고
안전관리자·보건관리자·안전보건관리담당자 등은 산업안전보건법에 따라 적정한 자격을 보유하고, 고용노동청에 선임 신고를 했는가?	☐	☐	
안전관리자·보건관리자·안전보건관리담당자 등은 산업안전보건법에 따른 역할을 충실히 수행하고 있는가?	☐	☐	
안전관리자·보건관리자·안전보건관리담당자 등의 역할에 대해 평가기준 및 절차가 마련돼 있는가?	☐	☐	
안전관리자·보건관리자·안전보건관리담당자 등이 자신의 역할을 충분히 할 수 있도록 예산과 장비를 지원하고 있는가?	☐	☐	
안전관리자·보건관리자·안전보건관리담당자 등이 산업안전보건법상 직무교육을 충실히 수행하고 있는가?	☐	☐	
도급·용역·위탁 종사자들의 안전보건에 관한 기술지원 및 기술지도 업무도 안전보건담당자들의 업무에 포함돼 있는가?	☐	☐	
안전관리자 보건관리자·안전보건관리담당자 등 전문가의 업무와 안전보건관리(총괄)책임자·관리감독자의 업무를 명확히 구분해 관리하고 있는가?	☐	☐	
산업안전보건위원회 및 안전보건에 관한 협의체 회의 시 안전관리자·보건관리자·안전보건관리담당자 등이 안전 및 보건에 관한 심의·의결사항에 대해 위원들에게 전문적·기술적 사항을 적극적으로 조언·보좌하고 있는가?	☐	☐	

9. 종사자 의견청취와 이를 반영한 조치를 어떻게 실행할 것인가

가. 관련 법률

중대재해처벌법 시행령

제4조(안전보건관리체계의 구축 및 이행 조치) 법 제4조제1항제1호에 따른 조치의 구체적인 사항은 다음 각 호와 같다.
7. 사업 또는 사업장의 안전·보건에 관한 사항에 대해 종사자의 의견을 듣는 절차를 마련하고, 그 절차에 따라 의견을 들어 재해 예방에 필요하다고 인정하는 경우에는 그에 대한 개선방안을 마련하여 이행하는지를 반기 1회 이상 점검한 후 필요한 조치를 할 것. 다만, 「산업안전보건법」 제24조에 따른 산업안전보건위원회 및 같은 법 제64조·제75조에 따른 안전 및 보건에 관한 협의체에서 사업 또는 사업장의 안전·보건에 관하여 논의하거나 심의·의결한 경우에는 해당 종사자의 의견을 들은 것으로 본다.

나. 이행 방안

(1) 종사자 의견청취와 조치 의무

성공적인 안전보건관리체계 구축·이행을 위해서는 사업주와 경영책임자등은 종사자에게 사업장의 안전·보건 정보를 충분히 공개해야 한다. 그리고 사업장의 유해·위험요인을 가장 잘 알고 있는 현장 작업자가 안전·보건활동 전반에 참여할 수 있도록 제도를 설계하고, 안전·보건에 관한 사항에 대해서는 사업장 구성원 누구나 자유롭게 의견을 개진할 수 있도록 종사자 의견청취 시스템을 갖추어야 한다.

중대재해처벌법에서는 사업주와 경영책임자등의 안전보건관리체계 구축 및 이행 조치 시 재해예방을 위한 종사자의 의견을 청취할 수 있는 절차를 마련하도록 의무화했고, 의견을 들은 후에는 반드시 개선방안을 마련하고, 이행됐는지 정기적으로 점검하도록 하고 있다.

다만 제시된 의견이 재해 예방을 위해 필요한 의견이 아니거나, 종사자의 안전·보건보다 우선할 정도로 기업의 중대한 경영상 비밀과 관련됐거나, 안전·보건 목적이 아닌 단순 근로조건 변경에 관한 사항이라면 개선방안을 마련하지 않았다고 해서 중대재해처벌법 위반이 되는 것은 아니다.

(2) 안전·보건 관련 정보 공개

사업 또는 사업장에 종사하는 자는 누구나 업무수행 과정에서 자신의 생명 및 신체, 건강을 유지하기 위해 자신이 수행하는 업무와 관련된 사업장 내의 유해·위험정보를 알 권리가 있다. 따라서 사업주와 경영책임자등은 근로계약을 맺은 근로자뿐만 아니라 자신의 사업장에서 도급·용역·위탁 등 노무를 제공하는 자 모두에게 유해·위험작업과 관련된 안전·보건 정보를 제공해야 한다.

안전·보건 정보의 공개 범위 및 수준을 산업안전보건법 및 중대재해처벌법에서 명확히 정하고 있지 않지만, 종사자의 안전과 건강을 유지하기 위해 반드시 필요한 안전·보건 정보는 공개하는 것이 사업주와 경영책임자등의 의무다.

근로자 및 종사자에게 공개해야 할 안전보건 정보

- 안전보건 목표 및 경영방침
- 산업안전보건법령의 주요 내용
- 안전보건관리규정
- 사업장 내 주요 안전보건 관련 절차서·지침서 등의 안전보건 업무매뉴얼
- 산업안전보건위원회 및 안전보건협의체에서 논의 및 의결된 사항
- 위험성 평가 과정 및 감소대책 실행 결과에 대한 내용
- 유해·위험 물질 및 기계·기구에 관한 정보
- 산업재해 통계
- 재해조사 내용 및 결과, 재발방지 대책에 관한 내용

- 작업환경측정 등에 관한 자료
- 각 개인의 건강검진 및 특수건강검진 기록
- MSDS(물질안전보건자료)
- 중대재해 및 비상시 조치에 대한 매뉴얼
- 고객응대 근로자 보호를 위한 매뉴얼
- 근골격계유해요인조사 자료

(3) 산업안전보건법상 종사자 의견청취 기구

중대재해처벌법은 일정 규모 이상의 사업장에서는 산업안전보건위원회 등에서 안전·보건에 관해 심의·의결한 경우는 해당 종사자의 의견을 들은 것으로 간주하도록 정하고 있다. 따라서 산업안전보건위원회 등의 설치 의무가 없는 사업장은 중대재해처벌법에 따라 별도의 종사자 의견청취 절차를 마련해야 한다.

종사자 의견청취를 위한 산업안전보건법상 심의·의결 기구는 산업안전보건위원회(제24조), 도급인의 안전 및 보건에 관한 협의체(64조), 건설공사의 안전 및 보건에 관한 노사협의체(제75조) 등이 있다.

아래의 표는 산업안전보건법상 안전·보건에 관해 노사 및 근로자의 의견청취를 위한 기구들을 분류해 실시 주기, 참석 대상, 적용 대상, 심의·의결사항을 정리한 표다. 산업안전보건위원회는 100명 이상 사업장에 의무적으로 설치해야 하고, 하나의 사업장에 도급이 있는 사업장의 경우 안전보건에 관한 협의체를 구성해야 한다. 건설업의 경우 시공사 및 협력업체가 다 같이 참여하는 안전보건에 관한 노사협의체를 구성하도록 하고 있다.

〈표 12〉 산업안전보건법상 회의기구 비교표

구분	산업안전보건위원회 (산업안전보건법 제24조)	도급사업 시 안전보건에 관한 협의체 (산업안전보건법 제64조)	건설공사 안전보건에 관한 노사협의체 (산업안전보건법 제75조)
실시 주기	분기별 1회 이상	1개월에 1회 이상	2개월에 1회 이상
참석 대상	근로자 측: 근로자대표, 명예산업안전감독관	도급인 전원	근로자위원: 도급사업 근로자대표, 명예산업안전감독관, 20억원 이상인 공사의 각 근로자대표
	회사 측: 대표자, 안전관리자, 보건관리자	수급인 전원	사용자위원: 도급사업대표자, 안전관리자, 보건관리자, 20억원 이상인 공사의 각 대표자

적용 대상	시행령 제34조 별표9
	(사업의 종류 및 규모)
	• 토사석 광업, 목재 및 나무제품
	  제조업, 화학제품 제조업 등
	  유해·위험업종: 상시 근로자 50명
	  이상
	• 농업, 어업, 금융 및 보험업 등:
	  상시 근로자 300명 이상
	• 건설업 120억원(토목공사
	  150억원)
	• 기타 업종: 상시 근로자 100명
	  이상
		도급사업이 있는
		모든 사업장
			• 건설업 120억원 이상
			  (토목 150억원 이상)
			• 노사협의체를 운영한 경우
			  산업안전보건위원회를 개최한
			  것으로 본다

심의
·의결사항
(협의사항)
	• 사업장 산업재해 예방계획 수립
	• 안전보건관리규정 작성 및 변경
	• 안전보건교육
	• 작업환경측정 등 작업환경 점검
	  및 개선
	• 근로자 건강진단 등 건강관리
	• 중대재해 원인 조사 및 재발방지
	  대책 수립
	• 유해·위험한 기계·기구·설비의
	  안전보건 조치에 관한 사항
		• 작업 시작시간
		• 작업 또는 작업장 간
		  연락방법
		• 재해발생 위험 시 대피방법
		• 위험성 평가 실시
		• 사업주와 수급인 또는
		  수급인
		• 상호 간의 연락 방법 및
		  작업공정 조정
			• 사업장 산업재해 예방계획 수립
			• 안전보건관리규정 작성 및 변경
			• 안전보건교육
			• 작업환경측정 등 작업환경 점검 및
			  개선
			• 근로자 건강진단 등 건강관리
			• 중대재해 원인 조사 및 재발방지
			  대책 수립
			• 유해·위험한 기계·기구·설비의
			  안전 보건조치에 관한 사항

(4) 위험요인 신고제도 및 안전보건 제안 제도

효과적인 안전·보건 활동이 되기 위해서는 안전보건담당자 외에 모든 종사자들이 언제든지 유해·위험요인를 발견하고, 이를 즉시 상부에 신고하거나 개선방안을 제안할 수 있는 절차를 마련해 둘 필요가 있다. 신고자 및 제안자는 인사상 어떠한 불이익이 없도록 하고, 오히려 인센티브를 지급하는 등 적극적인 안전·보건 활동에 대한 동기부여가 되도록 설계하는 것이 바람직하다.

사업주와 경영책임자등은 종사자들이 신고하거나 제안한 사항에 대해 반드시 충분한 개선조치가 이루어졌는지 확인하고, 그 결과를 모든 구성원이 알 수 있도록 공개해야 한다. 특히 도급·용역·위탁 종사자들도 신고 및 제안제도에 참여할 수 있게 제도적 절차를 마련하는 것이 반드시 필요하다.

(5) 명예산업안전감독관(산업안전보건법 제23조)

산업안전보건법에서는 사업 또는 사업장의 근로자대표는 사업주 의견을 들어 소속 근로자를 명예산업안전감독관으로 추천할 수 있도록 하고 있고, 추천되면 고용노동부 장관이 위촉할 수 있게 하고 있다.

명예산업안전감독관은 근로자가 사업장의 안전·보건 감독업무에 직접 참여할 수 있는 제도로서 근로감독관의 사업장 안전·보건 감독 시 참여, 안전·보건법령 위반사항 신고, 안전수칙 준수 지도 등의 업무를 수행한다.

■ 자율점검표 7

종사자 의견청취 및 참여

자율점검항목	적정	부적정	비고
안전보건 목표 및 경영방침은 공개돼 있는가?	☐	☐	
산업안전보건법령의 주요 내용, 안전보건관리규정, 안전보건 활동별 내부규정 등은 종사자들이 잘 볼 수 있는 방법으로 게시돼 있는가?	☐	☐	
안전보건에 관한 회의체는 정기적으로 개최하고, 결정 난 사항은 게시판·홈페이지에 게시하고 회의 등을 통해 주기적으로 공지해 대부분 종사자가 알고 있는가?	☐	☐	
현장 내 위험기계, 유해물질, 추락·화재·폭발 위험장소 등을 해당 작업과 연관된 작업자가 알고 있는가?	☐	☐	
산업재해 및 아차사고 발생 현황을 공개해 대부분 종사자들이 알고 있는가?	☐	☐	
유해·위험요인 파악 및 제거 관리 (위험성 평가 등) 활동에 종사자 및 연관된 작업자들이 참여하고 있는가?	☐	☐	
유해·위험 물질 및 기계·기구에 관한 정보 등은 게시판·홈페이지에 게시하고 회의 등을 통해 주기적으로 공지해 대부분 종사자가 알고 있는가?	☐	☐	
안전보건 관련한 제안제도 및 신고제도 등 종사자들의 의견을 청취하기 위한 제도는 운영하고 있는가?	☐	☐	
작업 전 안전미팅(TBM), 안전제안 활동, 위험요인 신고 등 구성원의 의견을 수렴하는 절차를 가지고 있는가?	☐	☐	
안전보건 관련 정보 및 안전보건 참여 활동 등은 도급·용역·위탁 종사자에게 적용되고 있는가?	☐	☐	
현장 작업자를 포함한 전 구성원이 안전보건 활동에 참여할 수 있는 절차가 있고, 절차대로 활동할 충분한 시간을 보장하고 있는가?	☐	☐	
위험요인 신고, 제도개선 제안 시 인센티브를 부여하는 등 전 구성원의 참여를 독려하는 제도가 마련돼 있는가?	☐	☐	
위험요인 신고·제안자에게 불이익이 없도록 해 자유롭게 의견을 제시할 수 있는 제도가 마련돼 있는가?	☐	☐	
신고 및 제안에 대한 조치 결과를 정기적으로 공개하고 있는가?	☐	☐	
화재·폭발 등 주요 위험요인별 재해발생시나리오에 따른 비상훈련 시 해당 작업과 관련된 작업자를 참여시키고 있는가?	☐	☐	

10. 어떻게 매뉴얼을 마련하고 점검할 것인가

가. 관련 법률

중대재해처벌법 시행령

제4조(안전보건관리체계의 구축 및 이행 조치) 법 제4조제1항제1호에 따른 조치의 구체적인 사항은 다음 각 호와 같다.
8. 사업 또는 사업장에 중대산업재해가 발생하거나 발생할 급박한 위험이 있을 경우를 대비하여 다음 각 목의 조치에 관한 매뉴얼을 마련하고, 해당 매뉴얼에 따라 조치하는지를 반기 1회 이상 점검할 것
   가. 작업 중지, 근로자 대피, 위험요인 제거 등 대응조치
   나. 중대산업재해를 입은 사람에 대한 구호조치
   다. 추가 피해방지를 위한 조치

나. 이행 방안

(1) 매뉴얼 마련 및 점검의 중요성

중대재해가 발생했을 때 인명의 피해를 최소하기 위해서는 작업 중지, 대피, 위험요인 제거 등 적절한 대응조치와 구호조치, 추가 피해방지 조치 등이 빠르게 이뤄져야 한다. 이를 위해서는 각 사업장의 특성에 맞는 대응 매뉴얼을 적절히 마련하고, 종사자들이 매뉴얼에 따라 신속히 움직일 수 있도록 충분히 훈련돼 있어야 한다.

적절한 매뉴얼을 만들기 위해서는 각 사업장의 특성에서 기인하는 유해·위험요인에 대한 구체적인 분석과 파악이 필요하고, 작업 중지부터 추가 피해방지 조치에 이르는 전체적인 대응조치 역시 유해·위험요인에 맞추어 적절히 수립돼 있어야 한다. 매뉴얼을 각 시간대 및 상황별

시나리오 형태로 작성하고 각 조치 사항별 담당자를 지정하는 것도 좋은 방법이다.

(2) 매뉴얼 작성 기준

중대재해처벌법에 따르면 사업주와 경영책임자등은 중대재해가 발생하거나 발생할 급박한 위험이 있을 경우를 대비한 매뉴얼을 마련하고 해당 매뉴얼에 따른 조치 여부를 반기에 1회 이상 점검해야 한다. 이 경우 매뉴얼에는 "작업 중지, 종사자 대피, 위험요인 제거 등 대응조치" "중대산업재해를 입은 사람에 대한 구호조치" "추가 피해방지를 위한 조치" 등이 포함돼야 한다.

우선 작업 중지, 종사자 대피, 위험요인 제거 등 대응조치에 포함해야 할 주요 사항은 다음과 같다.

작업 중지, 종사자 대피, 위험요인 제거 등 대응조치 포함 사항

- 재해 발생 및 위험 상황을 다른 종사자들에게 신속하게 알리고 작업을 중지하기 위한 조치
- 추가적인 피해나 피해 확산을 방지하기 위한 조치
- 위험 상황에서 신속히 대피하기 위한 조치
- 사후 조사를 위한 현장 보존 조치
- 119, 경찰서, 고용노동부, 관련 부서 등에 신고나 보고 조치

다음으로 중대재해를 입은 사람에 대한 구호조치에 포함해야 할 주요 사항은 다음과 같다.

구호조치 포함 사항

- 재해자에 대한 응급조치
- 119 신고 및 의료진 투입을 위한 조치

또한 추가 피해방지를 위한 조치에 포함해야 할 주요 사항은 다음과 같다.

추가 피해방지 조치 포함 사항

- 재해조사를 위한 제반 조치
- 재해조사 분석 및 재발방지를 위한 대책 수립 프로세스

매뉴얼은 중대재해 발생 시 또는 위험 발생 시 대응조치를 시간 순서별로 구성해 정리하는 것이 좋다. 아래 그림은 통상의 대응조치를 시간 순서별로 정리한 것이다.

[그림 4] 중대재해 발생 및 위험 발생 시 대응조치 순서 예시

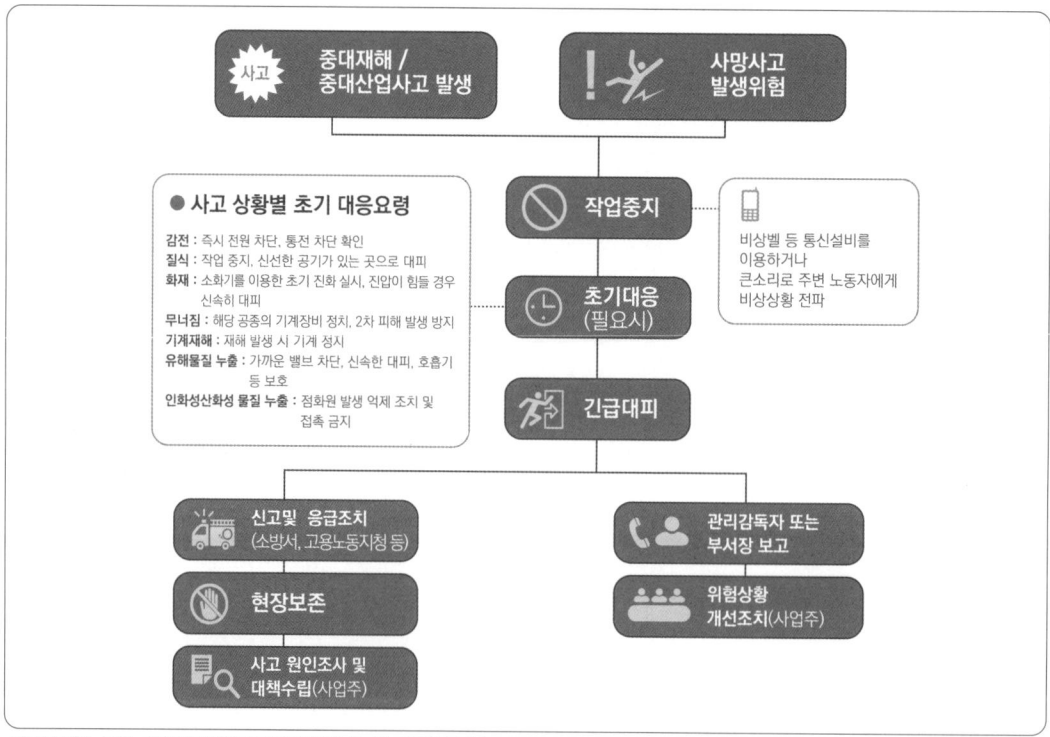

자료: 고용노동부, 중앙행정기관 중대재해예방매뉴얼, 2022, 55쪽

(3) 매뉴얼 현장 적용 시 유의 사항

매뉴얼이 적절히 마련돼 있더라도 종사자 및 관리자가 이에 따라 적절한 조치를 취하기 위해서는 매뉴얼에 대한 정확한 교육훈련이 필요하다. 또한 종사자가 위험을 감지하더라도 사후적인 불이익이 두려워 매뉴얼에 따른 작업 중지, 대피 등을 하지 못하는 경우가 많으므로 사후 불이익에 대한 두려움을 최소화하기 위한 규정 마련도 중요하다.

현장의 상황, 특성, 유해·위험요인은 시간이 흐르면서 변화한다. 따라서 사업주와 경영책임자등은 매뉴얼이 제대로 작동하는지 여부를 반기 1회 이상 점검하고, 그 결과에 따라 현장의 대응 시스템뿐만 아니라 매뉴얼 내용 자체도 수정·보완하는 것이 필요하다. 특히 매뉴얼에 대한 교육훈련과 이에 따른 조치가 직접고용 정규직 근로자들에게만 적용될 가능성이 높다. 따라서 도급·용역 등 간접고용 근로자들에 대해서는 별도의 점검과 확인 프로세스를 마련해야 한다.

매뉴얼에 대한 종사자들의 이해도를 높이고 신속한 현장 적용을 위해서 시간 및 상황별 시나리오를 작성하는 것도 좋은 방안이 될 수 있다. 아래 표는 상황별 시나리오의 구체적 작성 사례다.

| 예시 | 추락 사고 대응 시나리오 작성 사례 |

시간 및 상황	조치사항	담당	비고
00:00~00:01 추락사고 발생 환자 발생	• 비계에서 고소작업 중 몸의 균형을 잃고 직원이 추락 • 사내 방송 또는 비상경보로 비상상황을 전파하고 지원 요청		
00:01~00:06 환자 구조 119 구조대 신고 환자 응급조치	• 동료 직원 등이 호흡 정지 여부를 확인하고 인공호흡과 심폐소생술 실시 • 출혈이 심해 지혈하고, 쇼크를 막기 위해 담요 등으로 보온 조치 • 119 구조대에 추락사고 발생상황을 신고 • 골절 부위를 부목으로 움직이지 못하도록 고정 • 외상 부위 소독 및 필요한 연고를 상처에 바르고 거즈 또는 붕대로 상처 부위를 보호 • 119 구조대 도착 시 현장으로 안내하고 필요 시 지원 • 2차 재해가 발생하지 않도록 현장 출입을 통제하고 표지판을 게시하는 등 필요한 안전조치 실시		
00:06~00:10 상황 보고 현장 보존	• 관계기관 등 상황 보고 [△△공장입니다. 비계에서 고소작업 중 몸의 균형을 잃고 직원이 추락하는 사고가 발생했습니다. 119 구조대에 구조를 요청하고 현재 직원이 외상 임시 치료 및 심폐소생술 등 필요한 응급조치를 했습니다.] • 현장 보존 조치 사고 현장 주위에 아무도 출입하지 못하도록 울타리를 치고 재해 발생 원인조사 종료 시까지 현장을 보존		
00:10~ 환자 병원후송	• 119 구조대 도착해 응급조치 후 병원으로 후송		

자료: 고용노동부, 경영책임자와 관리자가 알아야 할 중대재해처벌법 따라 하기, 2022, 93쪽

| 예시 | 질식·감전사고 대응 시나리오 작성 사례 |

시간 및 상황	조치사항	담당	비고
00:00~00:01 질식·감전사고 환자 발생	• (질식) 물탱크에서 밀폐공간 출입작업 중 직원이 산소결핍으로 질식사고 발생 • (감전) 전기실에서 정전작업 중 제3자가 전원을 투입해 작업 중인 직원이 감전 • 사내 방송 또는 비상경보로 비상상황을 전파하고 지원 요청		
00:01~00:06 환자 구조 119 조대신고 환자 응급조치 2차 재해방지 조치	• (질식) 동료 직원 등이 공기호흡기를 착용하고 재해자 구조 • (감전) 동료 직원 등이 전원을 차단하고 재해자 구조 • 호흡 정지 여부를 확인하고 인공호흡과 심폐소생술 실시 • 119 구조대에 질식사고 발생상황을 신고 • 119 구조대 도착 시 현장으로 안내하고 필요 시 지원 • 2차 재해가 발생하지 않도록 현장 출입을 통제하고 표지판을 게시하는 등 필요한 안전조치 실시		
00:06~00:10 상황보고 현장 보존	• 관계기관 등 상황보고 [○○기업입니다. 우리 회사 물탱크에서 에서 질식사고가 발생해 119 구조대에 구조를 요청하고 현재 직원이 심폐소생술 등 필요한 응급조치를 했습니다.] • 현장 보존 조치 사고 현장 주위에 아무도 출입하지 못하도록 울타리를 치고 재해 발생 원인조사 종료 시까지 현장을 보존		
00:10~ 환자 병원후송	• 119 구조대 도착해 응급조치 후 병원으로 후송		

자료: 고용노동부, 경영책임자와 관리자가 알아야 할 중대재해처벌법 따라 하기, 2022, 94쪽

■ 자율점검표 8

중대재해 발생 대비 매뉴얼 구축 및 조치

자율점검항목	적정	부적정	비고
중대산업재해 발생 대비 조치에 관한 매뉴얼은 작성돼 있는가?	☐	☐	
중대산업재해 발생 대비 조치에 관한 매뉴얼은 다양한 중대재해 유형에 따라 구체적으로 작업자들이 이해할 수 있도록 작성돼 있는가?	☐	☐	
중대산업재해 발생 대비 조치에 관한 매뉴얼은 실제 작업자들에게 충분히 교육돼 있고, 정기적으로 재해 상황별 모의 훈련을 실시하고 있는가?	☐	☐	
도급사업장의 경우 수급인 근로자에 대해서도 중대산업재해 발생 대비 조치에 관한 매뉴얼이 작동될 수 있도록 제도가 설계돼 있는가?	☐	☐	
도급사업장의 경우 중대산업재해 발생 대비 조치에 관한 매뉴얼이 도급업체와 수급인 업체 간 서로 상이한 규정으로 작업자들이 혼란을 겪지 않도록 충분히 사전 협의가 돼 있는가?	☐	☐	
중대산업재해 발생 대비 조치에 관한 매뉴얼에는 재해발생 시 경영책임자(사업주)-안전보건관리(총괄)책임자-관리감독자 및 안전 및 보건관리자 등의 역할이 명확히 명시돼 있는가?	☐	☐	
중대산업재해 발생 대비 조치에 관한 매뉴얼을 작성하거나 수정 및 변경 시 근로자 및 종사자가 참여하거나, 충분한 의견을 개진할 수 있도록 제도가 마련돼 있는가?	☐	☐	
중대산업재해 발생 대비 교육 및 훈련을 위한 인력·장비·예산 등은 안전보건계획 수립 시 반영돼 있는가?	☐	☐	
중대산업재해 발생 대비 교육 및 훈련에 대한 준비 주체는 설정돼 있고, 교육 및 훈련 결과에 대한 평가시스템은 갖추어져 있는가?	☐	☐	

11. 제3자에게 도급·용역·위탁 등을 하는 경우에 무엇을 할 것인가

가. 관련 법률

중대재해처벌법 시행령

제4조(안전보건관리체계의 구축 및 이행 조치) 법 제4조제1항제1호에 따른 조치의 구체적인 사항은 다음 각 호와 같다.
9. 제3자에게 업무의 도급, 용역, 위탁 등을 하는 경우에는 종사자의 안전·보건을 확보하기 위해 다음 각 목의 기준과 절차를 마련하고, 그 기준과 절차에 따라 도급, 용역, 위탁 등이 이루어지는지를 반기 1회 이상 점검할 것
  가. 도급, 용역, 위탁 등을 받는 자의 산업재해 예방을 위한 조치 능력과 기술에 관한 평가기준·절차
  나. 도급, 용역, 위탁 등을 받는 자의 안전·보건을 위한 관리비용에 관한 기준
  다. 건설업 및 조선업의 경우 도급, 용역, 위탁 등을 받는 자의 안전·보건을 위한 공사기간 또는 건조기간에 관한 기준

나. 이행 방안

(1) 도급 등을 받는 자의 산업재해 예방을 위한 조지 능력과 기술에 관한 평가기준·절차 마련 의무

우리나라는 위험 업무의 외주화가 전 산업에 걸쳐 거미줄처럼 확산돼 있다. 이는 재해 통계를 통해서도 확인할 수 있다. 따라서 중대재해처벌법에서는 사업주와 경영책임자등의 안전·보건관리체계 구축을 위한 의무로서, 도급·용역·위탁업체 등의 선정 시 안전·보건수준을 평가해 재해예방 능력을 갖추지 못한 업체는 계약을 맺지 않도록 업체 선정 기준과 절차를 마련하도록 하고 있다.

평가 기준 및 절차는 사업장 특성·규모, 도급 업무의 내용, 작업 장소, 사용하는 기계 및 장비의 특성 등을 고려해 기업이 자율적으로 설정하되 재해예방 능력을 충분히 갖춘 업체가 선

정될 수 있는 합리적이고 체계적인 내용으로 구성돼야 한다.

사업주와 경영책임자등은 업체 선정 기준과 절차에 따라 업체가 선정되고 있는지 정기적으로 점검하고, 그 기준에 미달한다고 판단된 업체와는 도급계약 등을 하지 않아야 한다. 계약 후에도 기준에 따른 안전 및 보건에 관한 조치를 이행하지 않은 경우 시정명령을 내리고, 그래도 이행되지 않으면 계약 취소 등의 조치를 적극적으로 해야 한다. 참고로 산업안전보건법에서는 "사업주는 산업재해 예방을 위한 조치를 할 수 있는 능력을 갖춘 사업주에게 도급해야 한다"고 도급인의 적격 수급인 선정 의무를 명시하고 있다.(산업안전보건법 제61조)

아래의 표는 도급 등의 업체 선정 시 안전보건 능력을 확인할 때 사용할 수 있는 평가기준을 예시한 것이다.

예시 | 도급 등 업체 선정 시 평가기준

① 안전보건관리체계 구축 여부
  - 안전보건목표 및 경영방침
  - 안전보건관리계획
  - 안전보건 전문 인력 보유 수준 및 전담부서 조직 수준
  - 안전보건기술지도 능력
  - 안전보건 예산 수준
  - 안전보건 장비 보유 정도

② 안전보건관리규정
③ 작업절차서 준수 정도
④ 안전보건교육 실시 정도
⑤ 위험성 평가 실시 여부 및 근로자 참여 수준
⑥ 산업안전보건법 및 관련 안전보건관계법령 준수 여부
⑦ 중대산업재해 발생 여부 및 최근 3년간 재해통계
⑧ 도급받은 업무와 관련된 안전·보건조치를 위한 능력·기술 역량
⑨ 개인보호구 지급 및 관리수준
⑩ 비상시 조치 능력
⑪ 투입되는 작업자들의 자격 및 숙련도, 기타 건강상태

(2) 도급·용역·위탁 등을 받는 자의 안전·보건을 위한 관리 비용에 관한 기준 마련 의무

중대재해처벌법에서는 도급·용역·위탁 등을 하는 사업주와 경영책임자등이 도급·용역·위탁 종사자들의 안전조치 및 보건조치를 위한 관리 비용을 도급금액에 어떻게, 얼마나, 어떤 기준과 절차에 따라 반영할 것인지, 자체 시스템을 마련할 것인지 등을 정하도록 하고 있다.

안전·보건 관리비용의 규모 및 항목에 대해서는 법에서 구체적으로 언급하고 있지 않다. 그러나 사업주와 경영책임자등은 법의 취지를 고려해 도급·용역·위탁 등 종사자 보호를 위해 아래 예시와 같이 비용 사용기준을 내부규정이나 지침 등으로 마련해야 한다.

> **예시** **도급·용역·위탁 등 종사자 보호를 위한 비용 항목**
>
> - 위험성 평가 비용 및 위험성 평가에 따라 개선조치가 필요하다고 지적된 사항에 대한 예산
> - 유해·위험 작업 시 반드시 착용해야 할 개인보호구의 지급에 관한 지원 비용
> - 휴게 및 위생시설 지원에 관한 비용
> - 기계·기구 등의 방호조치에 대한 지원 비용
> - 안전보건교육을 위한 지원 비용
> - 기타 도급·용역·위탁 종사자들의 안전 및 보건조치에 반드시 필요한 비용

(3) 업체 선정 후 안전·보건에 관한 활동 평가 의무

사업주와 경영책임자등은 안전·보건 능력이 있는 적정업체 선정기준 마련뿐만 아니라 선정 이후 업체가 안전·보건 활동을 제대로 수행하고 있는지 평가해야 한다.

평가 결과 우수 업체는 다음 갱신계약 체결 시 일정한 혜택을 주고 평가점수가 낮은 업체는 불이익을 줄 수 있도록 한다. 산업안전보건법 및 사내 안전보건관리규정을 심각히 위반했거나 안전·보건에 대한 지도 및 경고를 했는데도 계속해서 안전·보건 관련 법규 및 규정을 위반하는 등 중대재해 발생을 유발할 가능성이 있는 업체는 즉시 계약해지 등의 강력한 조치를 취해야 한다.

아래 표는 도급 등 계약을 체결한 업체의 안전·보건 활동을 평가하기 위한 평가표 예시다.

예시 안전·보건활동 평가표

수급업체 안전보건에 관한 활동 평가표			평가		
			우수	보통	미흡
안전보건 관리체계	역할 및 책임	이행계획 대비 구성원의 역할 준수 여부			
실행수준	위험성 평가	도급작업의 위험성 평가 결과에 대한 이해수준 및 자체 유해·위험요인 평가 수준			
	안전점검	안전점검 및 모니터링(보호구 착용 확인 포함)			
	교육 및 기록	안전보건교육 계획 및 기록관리			
운영관리	비상대책	비상시 대피 및 피해 최소화 대책 (고용노동부, 소방서, 병원 포함)			
재해발생 수준	산업재해 현황	산업재해 발생 여부			
합계					점

(4) 산업안전보건법상 수급인 소속 종사자 보호를 위한 도급인의 의무

산업안전보건법은 수급인 소속 종사자 보호를 위해 도급인에게 다양한 의무를 부여하고 있다. 구체적인 내용은 다음과 같다.

❶ 유해한 작업의 도급금지(산업안전보건법 제58조)
유해·위험성이 매우 높은 도금작업, 수은·납·카드뮴의 제련·주입·가공·가열 작업, 허가물질 제조·사용 작업에 대해서는 사내 도급을 금지하도록 돼 있다.

❷ 산업재해 통합관리(산업안전보건법 제10조)
같은 장소에서 도급이 이루어지는 경우 도급인은 도급인 근로자 뿐만아니라 수급인근로자의 재해까지 통합적으로 관리해야 한다

❸ 안전보건총괄책임자 선임(산업안전보건법 제62조)
사업주는 도급인과 관계수급인 근로자의 총괄적이고 체계적인 안전보건관리를 위해 안전보건총괄책임자를 지정해 산재 예방업무를 총괄·관리해야 한다.

❹ 위험작업장소에 대한 안전보건조치 의무(산업안전보건법 시행령 제11조)
도급인이 지배·관리하는 장소에서 위험한 작업(화재·폭발, 밀폐, 추락, 중량물 취급 등) 이행하는 경우 하는 경우 도급인의 수급인 종사자 보호를 위해 필요한 안전 및 보건 조치를 실시해야 한다.

❺ 안전보건협의체 구성 및 운영(산업안전보건법 제64조)
도급사업 시 안전보건에 관한 각종 협의를 위해 도급사업주와 수급사업주 간 안전보건협의체를 구성 및 운영해야 한다. 공사금액 120억원(토목공사 150억원) 이상인 건설업은 노사협의체로 안전보건협의체 갈음 가능하다.

❻ 작업장 순회점검(산업안전보건법 제64조제1항제2호)
도급인 사업주는 작업장을 정기적으로 순회점검(1주일에 1회 이상)을 실시해야 한다. 다

만, 건설업, 제조업, 토사석 광업, 서적·잡지 및 기타 인쇄물 출판업, 음악 및 기타 오디오물 출판업, 금속 및 비금속 원료 재생업은 2일에 1회 이상 실시해야 한다.

❼ 안전보건교육 지원 및 실시 확인(산업안전보건법 제64조제1항제3호 및 제4호)

도급인은 수급인이 실시하는 근로자 안전보건교육에 필요한 장소를 제공하거나 자료제공 등의 조치가 필요하고, 관계수급인이 근로자에게 하는 특별 안전보건교육 실시 여부를 확인해야 한다.

❽ 경보체계 운영과 대피방법 등 훈련(산업안전보건법 제64조제1항제5호)

위험장소에서 작업을 하는 경우 사고발생에 대비해 경보를 운영하고, 수급인에게 통보해 사고위험에 신속히 대처하도록 운영해야 한다.

경보장치 설치가 필요한 장소(산업안전보건기준에 관한 규칙)

① 하역운반기계 통로 인접 출입구: 비상등·비상벨 등 경보장치(제11조)
② 연면적 400제곱미터 이상 또는 상시 근로자 50명 이상 옥내 작업장: 경보설비(제19조)
③ 폭발 또는 화재발생 위험장소: 가스검지 및 경보장치(제232조)
④ 급성독성물질 취급 장소: 감지·경보장치(제299조)
⑤ 터널공사 등 인화성가스 폭발·화재 위험장소: 자동경보장치(제350조)
⑥ 금속류, 산·알칼리류, 가스상태 물질류 취급 장소: 경보설비(제434조)
⑦ 방사선 업무 장소: 경보시설(제574조)
⑧ 냉장실·냉동실 내부: 경보장치(제632조)

---

❾ 위생시설 설치 등 협조(산업안전보건법 제81조)

도급인은 수급인에게 위생시설(휴게, 세면·목욕, 세탁, 탈의, 수면시설 등)을 설치할 수 있는 장소를 제공하거나 도급인의 위생시설을 이용할 수 있도록 협조해야 한다.

❿ 혼재작업시 작업시기·내용 등의 조정(산업안전보건법 제53조의2)

같은 장소에서 도급인 및 관계수급인 등의 작업이 혼재되어 있는 경우 혼재작업으로 인한 재해를 예방하기 위해 작업시기·내용 등을 조정하는 등 필요한 안전보건 조치를 하여야 한다.

⓫ 합동 안전·보건점검(산업안전보건법 제82조)

도급인 사업주는 수급인 사업주와 점검반을 구성해 분기에 1회 이상 합동 안전·보건점검을 실시해야 한다. 다만, 건설업·선박 및 보트 건조업은 2개월에 1회 이상 실시해야 한다.

⓬ 안전보건관리규정의 작성(산업안전보건법 제25조)

도급인은 사업장의 안전보건관리 규정에 수급인 근로자의 안전보건확보와 관련한 사항을 포함할 수 있도록 하여야 한다.

⓭ 위험성 평가 관리감독(산업안전보건법 제36조)

도급인은 수급인이 수급인의 작업 및 해당 사업장에 대한 위험성 평가를 실시하도록 하고, 도급인과 수급인 또는 수급인 간의 작업 및 위험요인이 서로 관련되는 경우 이를 조정·관리해야 한다.

⓮ 작업환경 측정(산업안전보건법 제125조)

관계수급인 또는 관계수급인의 근로자가 도급인의 사업장에서 작업을 하는 경우 해당 작업내용이 작업환경측정 대상인 경우 수급인의 작업장소에 대한 작업환경측정을 시행해야 한다.

⓯ 안전 및 보건에 관한 정보 제공(산업안전보건법 제65조)

도급인은 수급인 근로자의 산업재해 예방을 위해 해당 작업 시작 전에 수급인에게 안전 및 보건에 관한 정보를 문서로 제공해야 한다

안전보건정보 제공 대상 작업

① 폭발성·발화성·인화성·독성 등 유해성·위험성이 있는 화학물질 또는 그 화학물질을 함유한 혼합물을 제조·사용·운반 또는 저장하는 반응기·증류탑·배관 또는 저장탱크로서 설비를 개조·분해·해체 또는 철거하는 작업 또는 설비의 내부에서 이루어지는 작업
② 산소결핍, 유해가스 등으로 인한 질식의 위험이 있는 장소에서 이루어지는 작업
③ 토사·구축물·인공구조물 등의 붕괴 우려가 있는 장소에서 이루어지는 작업 등

제공자료

① 화학설비 및 그 부속설비에서 제조·사용·운반 또는 저장하는 위험물질 및 관리대상 유해물질의 명칭과 그 유해성·위험성
② 유해하거나 위험한 작업에 대한 안전·보건상 주의사항
③ 유해하거나 위험한 물질의 유출 등 사고 발생 시 필요한 조치의 내용

❶❻ **수급인에 대한 시정조치(산업안전보건법 제66조)**
도급받은 작업과 관련된 법 위반 사항에 대해 관계수급인에게 위반행위를 시정하도록 필요한 조치를 할 수 있다.

시정조치 대상 작업

① 폭발성·발화성·인화성·독성 등 유해성·위험성이 있는 화학물질 또는 그 화학물질을 함유한 혼합물을 제조·사용·운반 또는 저장하는 반응기·증류탑·배관 또는 저장탱크로서 고용노동부령으로 정하는 설비를 개조·분해·해체 또는 철거하는 작업, 그 설비의 내부에서 이루어지는 작업
② 산소결핍, 유해가스 등으로 인한 질식의 위험이 있는 장소에서 이루어지는 작업
③ 토사·구축물·인공구조물 등의 붕괴 우려가 있는 장소에서 이루어지는 작업

■ 자율점검표 9

도급·용역·위탁 등 업체 선정 및 점검

자율점검항목	적정	부적정	비고
도급·용역·위탁 시 안전보건 수준을 평가하는 절차가 있고, 이에 따라 업체를 선정하고 있는가?	☐	☐	
도급·용역·위탁 시 안전보건 수준 평가 기준이 적절하며, 그 결과 안전보건 능력을 갖춘 자를 선정하고 있는가?	☐	☐	
도급·용역·위탁 시 도급·용역·위탁 등을 받는 자의 안전·보건을 위한 관리비용, 공사기간 등에 대한 검토 기준이 있는가?	☐	☐	
도급·용역·위탁 시 도급·용역·위탁 등을 받는 자의 산재예방 능력 평가기준에 따라 평가·선정이 이루어지는지를 주기적으로 점검하고 있는가?	☐	☐	
도급·용역·위탁 시 도급·용역·위탁 등을 받는 자의 적정 안전·보건 관리비용 검토 후 비용이 지급되는지를 주기적으로 점검하고 있는가?	☐	☐	
도급·용역·위탁 시 도급·용역·위탁 등을 받는 자의 적정 공사기간 검토 후 해당 사업이 이루어지는지를 주기적으로 점검하고 있는가?	☐	☐	
도급·용역·위탁 시 사전에 유해·위험물질의 유해성·위험성, 유해·위험 작업에 대한 주의사항 등 안전보건에 관한 정보를 제공하고 있는가?	☐	☐	
도급·용역·위탁받은 자가 안전보건에 관한 의견을 전달하는 절차가 있고, 그에 대한 검토 및 처리 결과를 공유하고 있는가?	☐	☐	
도급·용역·위탁 업무 시 유해·위험한 작업의 경우 안전작업허가제를 통해 관리하고, 점검반을 구성해 수시로 안전보건 점검을 실시하고 있는가?	☐	☐	
도급·용역·위탁받은 자가 실시하는 위험성 평가, 안전보건교육 등 안전보건활동의 적정성을 검토·확인하고 있는가?	☐	☐	
도급·용역·위탁 업무 완료 시 안전보건 업무평가를 실시해 이를 활용하고 있는가?	☐	☐	

IV

재발방지 대책 수립 및 이행과 개선·시정 명령 이행 방안

Ⅳ. 재발방지 대책 수립 및 이행과 개선·시정 명령 이행 방안

1. 재발방지 대책을 어떻게 수립하고 어떤 조치를 취할 것인가

가. 관련 법률

중대재해처벌법

제4조(사업주와 경영책임자등의 안전 및 보건 확보의무) ① 사업주 또는 경영책임자등은 사업주나 법인 또는 기관이 실질적으로 지배·운영·관리하는 사업 또는 사업장에서 종사자의 안전·보건상 유해 또는 위험을 방지하기 위하여 그 사업 또는 사업장의 특성 및 규모 등을 고려하여 다음 각 호에 따른 조치를 하여야 한다.
2. 재해 발생 시 재발방지 대책의 수립 및 그 이행에 관한 조치

나. 이행 방안

(1) 재해 발생 시 재발방지 대책 수립 및 그 이행에 관한 조치 의무

사업주와 경영책임자등은 재해 발생 시 자체 재해조사 매뉴얼에 따라 재해조사를 실시한

후 재발방지를 위해 재해 발생의 근본원인을 제거할 수 있는 체계적인 조치를 마련해야 한다.

"재해 발생 시 재발방지 대책 수립 및 그 이행에 관한 조치"란 ① 재해가 발생하면 현장 담당자 및 재해조사 전문가의 의견을 수렴하고 재해조사를 실시해 결과를 분석하고 ② 유해·위험의 근본원인을 파악해 ③ 유해·위험요인별 위험성을 제거·대체 및 통제 방안을 마련하는 등 ④ 종합적인 개선대책을 수립하는 것을 의미한다.

재발방지 대책 수립 대상 재해는 반드시 중대재해만을 의미하는 아니며, 일반적인 산업재해도 포함하는 개념이다. 경미하고 사소한 재해라도 그것이 반복적으로 발생하거나 방치될 경우 큰 사고로 이어질 위험이 있다면 재발방지 대책 수립 시 경미한 재해나 아차사고도 관리 대상에 포함되도록 해야 한다.

재발방지 대책 수립을 위해서는 먼저 해당 작업공정에 대한 위험성 평가를 실시하고, 위험성 감소 대책을 수립해야 하는데 ① 유해·위험요인을 근본적으로 제거하거나 ② 유해·위험하지 않은 것으로 대체하거나 ③ 기술적 공학적으로 근로자가 안전할 수 있도록 개선하거나 ④ 작업방법 및 작업시기 변경 등과 같은 관리적(행정적) 대책을 실시하거나 ⑤ 마지막 수단으로 작업자에게 개인 보호구를 지급하는 순으로 감소 대책을 강구해야 한다.

재발방지 대책을 수립할 때도 실제 해당 작업을 수행한 종사자들이 참여하는 것이 중요하다.

(2) 재해조사의 목적

재해조사는 발생한 재해의 정확한 원인 분석을 통해 시정 대책을 수립하고, 동종 재해 및 유사 재해 재발을 방지하는 것이 목적이다

재해조사는 객관적이고 공평한 입장에서 현장 상황이 변경되기 전에 실시해야 하고, 가능한 목격자와 현장 책임자에게 당시 상황을 듣고, 재해 현장을 사진이나 도면으로 작성해 놓아야 한다.

재해조사는 과거 재해에서 교훈을 얻고 미래 재해를 예방하기 위한 것으로 사고의 근본원인을 명확히 규명해야 한다. 재해의 직접적인 원인은 단기간 내에 드러나 예방 조치가 가능하

지만 근원적이고 본질적인 원인들은 쉽게 드러나지 않는다. 따라서 적절한 조치가 취해지지 않으면 미래에 또 다른 심각한 결과를 초래할 수 있다. 따라서 재해조사는 근본원인을 찾은 데 초점을 두어야 한다.

재해조사 목적은 사고가 "어떻게 일어났느냐"뿐만 아니라 일어나게 된 잠재된 원인을 밝히는 것이다. 재해조사는 편견과 성급한 결론 도출을 피하기 위해 철저하고 체계적으로 수행해야 하며, 재해조사를 마치기 전 예단은 금물이다.

(3) 재해조사 방법 및 주체

재해조사 시에는 재해자의 상해 정도(사망·중상·경상 등), 사고 내용(인적 사고, 물적 사고 구분), 가해물(재해 발생의 동기 유발인자) 등을 조사한다. 재해조사는 육하원칙(누가, 언제, 어디서, 무엇을, 어떻게, 왜)에 따라 실시한다.

재해조사 보고서를 작성할 때에는 사고의 원인에 중점을 두고 작성하되 시설의 불완전한 상태(그 배경의 관리적 요인도 포함해서 조사), 작업자들의 불완전한 행동(근로자의 인적 결함), 잘못된 작업 방법 및 절차 등을 조사하고, 중대재해의 경우 직접 눈으로 확인되지 않는 관리적 요인(안전 지도 및 감독 미비 등) 및 안전·보건관리 시스템 전반을 조사할 필요가 있다.

실질적인 재해조사를 위해서는 사업주와 종사자, 피해자 측 모두가 참여하는 것이 바람직하다. 조사 내용 및 조사 수준에 따라 관리감독자, 현장책임자, 사고조사 전문가, 노동조합, 회사의 임원 등이 모두 참여할 수 있다.

재해조사는 사고 원인을 파악할 수 있는 능력과 자격을 구비한 자가 실시하고, 안전관리자 및 보건관리자도 참가하는 것이 바람직하다.

(4) 재해조사 절차

재해조사 절차는 법으로 규정돼 있지 않지만 피재자 구조 및 응급조치를 선행해야 하고, 이후 재해조사 및 재발방지 대책을 수립하는 절차로 진행해야 한다.

재해조사 절차

1단계 : 긴급(응급)조치
2단계 : 재해 사실의 확인(사람, 작업, 설비, 관리적 요인)
3단계 : 재해 발생의 원인 파악(직접적 원인 및 근본적 원인)
4단계 : 재발방지 대책의 수립 및 계획
5단계 : 대책 실시 및 평가

아래 표는 재발방지 대책을 수립할 때 고려해야 하는 사항을 정리한 내용이다.

재발방지 대책 수립 시 고려사항

① 가장 근원적으로 재해를 예방할 수 있는 근본대책을 제시하도록 노력한다.
② 사업장 안전보건관리체계상 중대한 결함이 없었는지 확인한다.
③ 재발방지 대책 수립 시 외부전문가의 자문을 최대한 활용한다.
④ 도급사업장의 경우 도급인 및 수급인 공동으로 재해를 조사하고, 가능한 공동으로 재발방지 대책을 수립하도록 노력한다.
⑤ 유사한 위험요소가 다른 곳에도 존재하는지 파악하고, 있다면 대책을 세운다.
⑥ 유사한 사고가 전에 있었는지 검토하고 재발방지 대책을 제시한다.
⑦ 장·단기적으로 위험요소의 크기와 중대성에 따라 관리대책을 계획한다.
⑧ 필요에 따라 위험성 평가와 안전작업 절차를 보완 또는 제정한다.
⑨ 사고의 세부내용과 조사를 통해 밝혀진 내용을 모두 기록하고 보존한다.
⑩ 사고로 인한 손실과 대책에 드는 예산을 수립해 사업경영에 활용한다.

자료: 업무상사고 조사에 관한 기술지침(KOSHA GUIDE G-5-2017)

산업안전보건법은 재해 발생 시 사업주가 취해야 할 조치들을 정하고 있다. 아래 표를 참고하기 바란다.

재해 발생 시 산업안전보건법에 따른 사업주의 조치의무 내용

1. **도급사업장의 산업재해 발생 건수 통합 공표(산업안전보건법 제10조제2항)**
   고용노동부 장관은 도급인의 사업장(도급인이 제공하거나 지정한 경우로서 도급인이 지배·관리하는 대통령령으로 정하는 장소를 포함한다. 이하 같다) 중 대통령령으로 정하는 사업장에서 관계수급인 근로자가 작업을 하는 경우에 도급인의 산업재해 발생 건수 등에 관계수급인의 산업재해 발생 건수 등을 포함해 공표해야 한다.

2. **사업주의 작업 중지 의무(산업안전보건법 제51조)**
   사업주는 산업재해가 발생할 급박한 위험이 있을 때에는 즉시 작업을 중지시키고 근로자를 작업장소에서 대피시키는 등 안전 및 보건에 관하여 필요한 조치를 해야 한다.

3. **근로자의 작업 중지(산업안전보건법 제52조)**
   ① 근로자는 산업재해가 발생할 급박한 위험이 있는 경우에는 작업을 중지하고 대피할 수 있다.
   ② 제1항에 따라 작업을 중지하고 대피한 근로자는 지체 없이 그 사실을 관리감독자 또는 그 밖에 부서의 장(이하 "관리감독자등"이라 한다)에게 보고해야 한다.
   ③ 관리감독자등은 제2항에 따른 보고를 받으면 안전 및 보건에 관하여 필요한 조치를 해야 한다.
   ④ 사업주는 산업재해가 발생할 급박한 위험이 있다고 근로자가 믿을 만한 합리적인 이유가 있을 때에는 제1항에 따라 작업을 중지하고 대피한 근로자에 대하여 해고나 그 밖의 불리한 처우를 해서는 아니 된다.

4. **중대재해 발생 시 사업주의 조치(산업안전보건법 제54조)**
   ① 사업주는 중대재해가 발생했을 때에는 즉시 해당 작업을 중지시키고 근로자를 작업장소에서 대피시키는 등 안전 및 보건에 관하여 필요한 조치를 해야 한다.
   ② 사업주는 중대재해가 발생한 사실을 알게 된 경우에는 고용노동부령으로 정하는 바에 따라 지체 없이 고용노동부 장관에게 보고하여야 한다. 다만, 천재지변 등 부득이한 사유가 발생한 경우에는 그 사유가 소멸되면 지체 없이 보고하여야 한다.

5. 중대재해 발생 시 고용노동부 장관의 작업 중지 조치(산업안전보건법 제55조)
   ① 고용노동부 장관은 중대재해가 발생했을 때 다음 각 호의 어느 하나에 해당하는 작업으로 인해 해당 사업장에 산업재해가 다시 발생할 급박한 위험이 있다고 판단되는 경우에는 그 작업의 중지를 명할 수 있다.
      1. 중대재해가 발생한 해당 작업
      2. 중대재해가 발생한 작업과 동일한 작업
   ② 고용노동부 장관은 토사·구축물의 붕괴, 화재·폭발, 유해하거나 위험한 물질의 누출 등으로 인해 중대재해가 발생하여 그 재해가 발생한 장소 주변으로 산업재해가 확산될 수 있다고 판단되는 등 불가피한 경우에는 해당 사업장의 작업을 중지할 수 있다.
   ③ 고용노동부 장관은 사업주가 제1항 또는 제2항에 따른 작업 중지의 해제를 요청한 경우에는 작업 중지 해제에 관한 전문가 등으로 구성된 심의위원회의 심의를 거쳐 고용노동부령으로 정하는 바에 따라 제1항 또는 제2항에 따른 작업 중지를 해제해야 한다.
   ④ 제3항에 따른 작업 중지 해제의 요청 절차 및 방법, 심의위원회의 구성·운영, 그 밖에 필요한 사항은 고용노동부령으로 정한다.

6. 작업 중지의 해제(산업안전보건법 시행규칙 제69저)
   ① 사업주가 작업 중지의 해제를 요청할 경우에는 작업 중지명령 해제신청서를 작성해 사업장의 소재지를 관할하는 지방고용노동관서의 장에게 제출해야 한다.
   ② 제1항에 따라 사업주가 작업 중지명령 해제신청서를 제출하는 경우에는 미리 유해·위험요인 개선내용에 대해 중대재해가 발생한 해당 작업 근로자의 의견을 들어야 한다.
   ③ 지방고용노동관서의 장은 제1항에 따라 작업 중지명령 해제를 요청받은 경우에는 근로감독관으로 하여금 안전·보건을 위해 필요한 조치를 확인하도록 하고, 천재지변 등 불가피한 경우를 제외하고는 해제요청일 다음 날부터 4일 이내 작업 중지해제 심의위원회를 개최해 심의한 후 해당 조치가 완료됐다고 판단될 경우에는 즉시 작업 중지명령을 해제해야 한다.

7. 중대재해 원인조사(산업안전보건법 제56조)
   ① 고용노동부 장관은 중대재해가 발생했을 때에는 그 원인 규명 또는 산업재해 예방대책 수립을 위해 그 발생 원인을 조사할 수 있다.
   ② 고용노동부 장관은 중대재해가 발생한 사업장의 사업주에게 안전보건개선계획의 수립·시행, 그 밖에 필요한 조치를 명할 수 있다.

③ 누구든지 중대재해 발생 현장을 훼손하거나 제1항에 따른 고용노동부 장관의 원인조사를 방해해서는 아니 된다.

8. 산업재해 발생 은폐 금지 및 보고(산업안전보건법 제57조)
   ① 사업주는 산업재해가 발생했을 때에는 그 발생 사실을 은폐해서는 아니 된다.
   ② 사업주는 고용노동부령으로 정하는 바에 따라 산업재해의 발생 원인 등을 기록하여 보존해야 한다.
   ③ 사업주는 고용노동부령으로 정하는 산업재해에 대해서는 그 발생 개요·원인 및 보고 시기, 재발방지 계획 등을 고용노동부령으로 정하는 바에 따라 고용노동부 장관에게 보고하여야 한다.

9. 산업재해 기록 보존의무(산업안전보건법 시행규칙 제72조)
   사업주는 산업재해가 발생한 때에는 다음 각 호의 사항을 기록·보존해야 한다. 다만, 산업재해조사표의 사본을 보존하거나 요양신청서의 사본에 재해 재발방지 계획을 첨부하여 보존한 경우에는 그렇지 않다.
   1. 사업장의 개요 및 근로자의 인적사항
   2. 재해 발생의 일시 및 장소
   3. 재해 발생의 원인 및 과정
   4. 재해 재발방지 계획

10. 산업재해 발생 보고 의무(산업안전보건법 시행규칙 제73조)
    ① 사업주는 산업재해로 사망자가 발생하거나 3일 이상의 휴업이 필요한 부상을 입거나 질병에 걸린 사람이 발생한 경우에는 산업재해가 발생한 날부터 1개월 이내에 산업재해조사표를 작성해 관할 지방고용노동관서의 장에게 제출해야 한다.
    ③ 사업주는 산업재해조사표에 근로자대표의 확인을 받아야 하며, 그 기재 내용에 대하여 근로자대표의 이견이 있는 경우에는 그 내용을 첨부해야 한다. 다만, 근로자대표가 없는 경우에는 재해자 본인의 확인을 받아 산업재해조사표를 제출할 수 있다.

■ 자율점검표 10

재해조사 및 재발방지 대책 마련

자율점검항목	적정	부적정	비고
재해조사 절차 및 방법에 관한 업무매뉴얼은 있는가?	☐	☐	
재해조사는 업무매뉴얼에 따른 절차대로 진행되고 있는가?	☐	☐	
재해조사 주체 및 담당자는 설정돼 있는가?	☐	☐	
재해조사 시 근본원인을 제거할 수 있는 재발방지 대책이 수립돼 있는가?	☐	☐	
재해조사 범위에 아차사고도 포함하고 있는가?	☐	☐	
재발방지 대책 수립 전 사고 작업(공정)에 대한 위험성 평가는 실시하고 있는가?	☐	☐	
재발방지 대책 수립 시 해당 부서 작업자들이 참여하고 있는가?	☐	☐	
중대재해 등 비상시 조치에 관한 매뉴얼은 갖추고 있는가?	☐	☐	
중대재해 시 응급구호조치, 비상연락망, 지휘 및 보고체계 등은 갖추고 있는가?	☐	☐	
급박한 위험이 있다고 판단될 때 작업자들은 언제든지 "작업중지"를 할 수 있도록 충분히 교육·훈련돼 있는가?	☐	☐	
도급·용역·위탁업체 종사자들도 급박한 위험 시 "작업 중지"를 요청할 수 있는 제도가 설계돼 있는가?	☐	☐	
산업재해가 발생한 경우 재해기록을 보존하고 재해 사실 및 원인, 재발방지 대책 등에 대해 전 직원에게 즉시 공지하고 있는가?	☐	☐	

2. 개선·시정 명령을 어떻게 이행할 것인가

가. 관련 법률

중대재해처벌법

제4조(사업주와 경영책임자등의 안전 및 보건 확보의무) ① 사업주 또는 경영책임자등은 사업주나 법인 또는 기관이 실질적으로 지배·운영·관리하는 사업 또는 사업장에서 종사자의 안전·보건상 유해 또는 위험을 방지하기 위하여 그 사업 또는 사업장의 특성 및 규모 등을 고려하여 다음 각 호에 따른 조치를 하여야 한다.
3. 중앙행정기관·지방자치단체가 관계법령에 따라 개선, 시정 등을 명한 사항의 이행에 관한 조치

나. 이행 방안

중앙행정기관·지방자치단체가 안전·보건에 관해 관계법령에 따라 개선·시정 등을 명한 경우 사업주와 경영책임자등은 이를 반드시 이행해야 하며, 이를 이행하지 않아 중대재해가 발생하면 법 제6조에 따른 처벌 대상이 될 수 있다.

다만 안전·보건 확보의무와 무관한 내용에 대한 개선·시정 명령은 중대재해처벌법의 규율 대상으로 보기 어렵다. 또한 법 제4조제3호에서 말하는 "개선 또는 시정 명령"은 안전 및 보건 확보와 관련된 내용의 행정처분을 의미하고 행정지도·권고·조언은 이에 포함되지 않는다.

중앙행정기관·지방자치단체에서 종사자의 안전·보건과 관련해 행정처분을 받은 경우에는 처분의 경위, 처분의 내용 등 그 구체적인 내용을 사업주와 경영책임자등에게 즉시 보고하고 이를 이행할 수 있는 관리 절차를 구축하라는 취지다.

아래의 표는 산업안전보건법에 따라 고용노동부가 내릴 수 있는 행정명령과 관련한 규정을 정리한 표다.

산업안전보건법에 따른 시정 명령 관련 규정

1. 산업안전보건법 제53조(고용노동부 장관의 시정조치 등)
   ① 고용노동부 장관은 사업주가 사업장의 건설물 또는 그 부속건설물 및 기계·기구·설비·원재료(이하 "기계·설비 등"이라 한다)에 대하여 안전 및 보건에 관하여 고용노동부령으로 정하는 필요한 조치를 하지 아니하여 근로자에게 현저한 유해·위험이 초래 될 우려가 있다고 판단될 때에는 해당 기계·설비등에 대하여 사용중지·대체·제거 또는 시설의 개선, 그 밖에 안전 및 보건에 관하여 고용노동부령으로 정하는 필요한 조치(이하 "시정조치"라 한다)를 명할 수 있다.
   ② 제1항에 따라 시정조치 명령을 받은 사업주는 해당 기계·설비 등에 대하여 시정조치를 완료할 때까지 시정조치 명령 사항을 사업장 내에 근로자가 쉽게 볼 수 있는 장소에 게시하여야 한다.
   ③ 고용노동부 장관은 사업주가 해당 기계·설비 등에 대한 시정조치 명령을 이행하지 아니하여 유해·위험 상태가 해소 또는 개선되지 아니하거나 근로자에 대한 유해·위험이 현저히 높아질 우려가 있는 경우에는 해당 기계·설비등과 관련된 작업의 전부 또는 일부의 중지를 명할 수 있다.
   ④ 제1항에 따른 사용중지 명령 또는 제3항에 따른 작업 중지 명령을 받은 사업주는 그 시정조치를 완료한 경우에는 고용노동부 장관에게 제1항에 따른 사용중지 또는 제3항에 따른 작업 중지의 해제를 요청할 수 있다.
   ⑤ 고용노동부 장관은 제4항에 따른 해제 요청에 대하여 시정조치가 완료되었다고 판단될 때에는 제1항에 따른 사용중지 또는 제3항에 따른 작업 중지를 해제하여야 한다.

2. 산업안전보건법 제56조(중대재해 원인조사 등)
   ① 고용노동부 장관은 중대재해가 발생하였을 때에는 그 원인 규명 또는 산업재해 예방대책 수립을 위하여 그 발생 원인을 조사할 수 있다.
   ② 고용노동부 장관은 중대재해가 발생한 사업장의 사업주에게 안전보건개선 계획의 수립·시행, 그 밖에 필요한 조치를 명할 수 있다.

■ 자율점검표 11

개선·시정 명령 이행

자율점검항목	적정	부적정	비고
안전보건에 관한 관계법령에 따른 개선·시정 명령 이행을 담당할 책임부서 및 담당자가 정해져 있는가?	☐	☐	
안전보건에 관한 관계법령에 따른 개선·시정 명령이 내려진 경우 이를 보고하고 이행할 절차가 마련돼 있는가?	☐	☐	
안전보건에 관한 관계법령에 따른 개선·시정 명령은 지자체별, 기관별, 내용별, 중요도별, 처리기간별 체계적으로 정리 및 관리되고 있는가?	☐	☐	
안전보건에 관한 관계법령에 따른 개선·시정 명령 중 긴급 또는 중요한 사안에 대해서는 즉시 경영진에게 보고하는 절차가 마련돼 있는가?	☐	☐	
안전보건에 관한 관계법령에 따른 개선·시정 명령을 이행하기 위한 비용은 예산에 책정돼 있는가?	☐	☐	
안전보건에 관한 관계법령에 따른 개선·시정 명령의 내용 및 이행조치 결과에 대해 전 구성원에게 해당 사실을 공지하고, 필요시 교육하고 있는가?	☐	☐	
사업장 내 도급·용역·위탁 업체가 관계기관에서 개신 및 시정 명령을 받은 경우 이를 보고받는 절차가 마련돼 있는가?	☐	☐	
사업장 내 도급·용역·위탁 업체가 관계기관에서 개선 및 시정 명령을 받은 경우 해당 업체가 이를 충실히 이행하고 있는지 관리감독하는 절차가 마련돼 있는가?	☐	☐	

V

의무 이행에 필요한 관리상의 조치

V. 의무 이행에 필요한 관리상의 조치

1. 관리상의 조치란

사업주와 경영책임자등은 안전·보건 관계법령에 따른 의무 이행을 위한 관리상의 조치를 취해야 한다. 만약 안전·보건 관계법령에 따른 의무 이행을 해태해 유해·위험요인이 방치되는 등의 사유로 중대재해가 발생한다면, 사업주와 경영책임자등은 중대재해처벌법상 처벌 대상이 될 수 있다.

> **중대재해처벌법**
>
> **제4조(사업주와 경영책임자등의 안전 및 보건 확보의무)** ① 사업주 또는 경영책임자등은 사업주나 법인 또는 기관이 실질적으로 지배·운영·관리하는 사업 또는 사업장에서 종사자의 안전·보건상 유해 또는 위험을 방지하기 위하여 그 사업 또는 사업장의 특성 및 규모 등을 고려하여 다음 각 호에 따른 조치를 하여야 한다.
> 4. 안전·보건 관계법령에 따른 의무이행에 필요한 관리상의 조치

안전보건 관계법령은 산업안전보건법만을 의미하는 것은 아니며 종사자의 안전 및 보건에 관련된 모든 법령을 의미하는 것으로 해석된다. 예를 들면 광산안전법, 원자력안전법, 항공안

전법, 선박안전법, 폐기물관리법, 선원법 등이 안전보건 관계법령에 해당된다. 중대재해처벌법 시행령 제5조는 안전·보건 관계법령에 따른 의무 이행에 필요한 관리상의 조치의 구체적인 사항을 정하고 있다.

이하에서는 시행령 제5조에서 정한 사항을 이행하기 위해 사업주와 경영책임자등이 어떤 조치를 취해야 하는지 구체적으로 살펴보도록 한다.

2. 어떻게 점검할 것인가

가. 관련 법률

> **중대재해처벌법 시행령**
>
> **제5조(안전·보건 관계법령에 따른 의무이행에 필요한 관리상의 조치)** ② 법 제4조제1항제4호에 따른 조치에 관한 구체적인 사항은 다음 각 호와 같다.
> 1. 안전·보건 관계법령에 따른 의무를 이행했는지를 반기 1회 이상 점검(해당 안전·보건 관계법령에 따라 중앙행정기관의 장이 지정한 기관 등에 위탁하여 점검하는 경우를 포함한다. 이하 이 호에서 같다)하고, 직접 점검하지 않은 경우에는 점검이 끝난 후 지체 없이 점검 결과를 보고받을 것

나. 이행 방안

사업주와 경영책임자등은 사업장에서 안전·보건 관계법령이 정한 의무를 이행했는지 반기에 1회 이상 점검해야 한다. 동 점검은 유해·위험요인을 확인·점검하는 과정이라기보다 안전보

건 관계법령이 규정하고 있는 의무 사항을 준수하고 있는지를 점검하는 과정이라고 볼 수 있다. 따라서 시행령 제4조제3호에서 정한 유해·위험요인 확인·개선에 대한 점검과는 다른 과정이라고 볼 수 있다. 안전·보건 관계법령에 따라 외부기관에 점검을 위탁하는 경우에도 사업주와 경영책임자등은 그 점검 결과를 반드시 보고받아야 한다.

이 법에 따라 종사자의 안전·보건과 관계된 법령을 이행할 수 있도록 사업주와 경영책임자등은 "관리상의 조치"를 취해야 한다. "관리상의 조치"란 사업장에 적용될 수 있는 안전·보건 관계법령을 정하고, 해당 법령에 정한 의무를 이행하기 위한 관리부서 및 주체를 선정한 후 그 이행 사항을 사업주와 경영책임자등에게 정기적 보고하고, 사업주와 경영책임자등은 미이행 사항이 확인되면 필요한 인력 및 예산을 추가 편성해 이행이 완료될 수 있도록 하는 등의 제도적 시스템이다.

안전·보건 관계법령상 안전·보건의무를 이행할 때는 사업장에 안전·보건담당자(안전관리자 및 보건관리자 등)를 선임하고, 전문 인력이 부족해 자체적으로 이행 점검을 할 수 없는 경우 안전·보건전문기관에 위탁하는 것도 가능하다.

안전·보건전문기관은 해당 기관의 업무 내용에 한정해서 위탁 가능하므로 그 범위를 벗어나는 영역에 대해서는 사업주와 경영책임자등이 직접 점검해야 한다. 예를 들어 안전관리전문기관에 점검을 위탁한 경우 안전관리 분야에 한해서만 위탁한 것으로 보고, 보건관리 분야는 사업장에서 직접 점검해야 한다는 뜻이다.

안전·보건관리기관에 위탁해 점검했다고 하더라도 위탁기관의 부실 점검으로 인해 중대재해가 발생했다면, 중대재해처벌법상 안전·보건확보의무 위반 유무에 따라 처벌 여부가 결정된다. 점검을 안전·보건전문기관에 위탁했다는 사정만으로 사업주와 경영책임자등의 중대재해처벌법상 점검 의무가 당연히 면제되는 것은 아니다.

참고로 중대재해처벌법상 "안전·보건 관계법령에 따른 의무를 이행했는지"를 안전·보건전문기관에 위탁해 점검하는 것은 산업안전보건법에서 안전관리자 및 보건관리자 선임 의무를 대신해 안전보건전문기관에 위탁하는 것과는 그 위탁의 범위 및 내용이 다르므로 구별해야 한다. 중대재해처벌법상 "안전·보건 관계법령에 따른 의무 이행"에 관한 업무는 산업안전보건법에서 위탁이 허용되지 않는 상시 근로자 300명 이상 사업장에서도 위탁이 가능하다.

아래의 표는 중대재해처벌법상 사업주와 경영책임자등이 관리해야 할 안전·보건 관계법령의 범위를 고용노동부 중대재해처벌법 해설서를 참고해 정리한 것이다.

예시 　종사자의 안전·보건 확보와 관련한 법령

법령명	관련 조문
산업안전보건법	노무를 제공하는 사람의 안전 및 보건의 유지·증진을 목적으로 하는 법으로 산업안전보건법, 법 시행령 및 시행규칙과 산업안전보건기준에 관한 규칙, 유해·위험작업의 취업 제한에 관한 규칙을 모두 포함
광산안전법	법률 제정 목적에 광산근로자에 대한 위해를 포함하며, 광업권자 또는 조광권자의 의무(법 제5조), 안전교육의 실시 (법 제7조), 안전규정의 제정 및 준수(법 제11조) 등에서 광산근로자에 대한 위해 방지를 위한 내용 규율
원자력안전법	발주자의 안전조치 의무로 방사선작업종사자가 과도한 방사선에 노출되지 않도록 안전한 작업환경을 제공해야 한다는 의무 부과(법 제59조의2), 방사선장해방지조치(법 제91조) 등
항공안전법	산업안전보건법의 일부 의무 적용이 제외된 안전보건 관계법령(산업안전보건법 시행령 별표1)
선박안전법	산업안전보건법의 일부 의무 적용이 제외된 안전보건관계법령(산업안전보건법 시행령 별표1)
연구실 안전환경 조성에 관한 법률	법률 제정 목적에 연구활동종사자의 건강과 생명 보호를 포함하며, 종사자의 안전을 위해 연구실책임자 지정(법 제9조), 안전점검(법 제14조) 및 정밀 안전진단 실시(법 제15조), 교육훈련(제20조) 및 건강검진(제21조) 등의 사항을 규정
폐기물관리법	폐기물관리법의 보호 조항(법 제14조의5)에 따라 시행규칙 제16조의3으로 정해진 보호장구 지급, 운전자 포함 3명 1조 작업 등의 안전기준 등
생활물류서비스 산업발전법	생활물류서비스종사자 보호 조항(법 제36조)은 "생활물류서비스종사자의 안전을 확보할 수 있도록" 노력해야 한다고 명시
선원법	선원에게 보호장구와 방호장치 등을 제공해야 하는 등 선원의 안전·보건 확보를 위한 선박소유자의 의무(법 제82조), 의사의 승무(법 제84조) 등 규정을 포함
생활주변방사선 안전관리법	원료물질 또는 공정부산물의 취급·관리 시 관련 종사자의 건강을 위해 시설 및 종사자의 피폭량 등에 대한 조사 등 준수사항 (법 제14조), 결함 가공제품에 대한 조치(법 제16조) 등을 규정

자료: 고용노동부 중대재해처벌법 해설서

3. 의무가 이행되지 않았음을 확인했을 때 무엇을 해야 하나

가. 관련 법률

> **중대재해처벌법 시행령**
>
> **제5조(안전·보건 관계법령에 따른 의무이행에 필요한 관리상의 조치)** ② 법 제4조제1항제4호에 따른 조치에 관한 구체적인 사항은 다음 각 호와 같다.
> 2. 제1호에 따른 점검 또는 보고 결과 안전·보건 관계법령에 따른 의무가 이행되지 않은 사실이 확인되는 경우에는 인력을 배치하거나 예산을 추가로 편성·집행하도록 하는 등 해당 의무 이행에 필요한 조치를 할 것

나. 이행 방안

점검이나 보고 결과 안전·보건 관계법령상 의무 이행이 제대로 되지 않았음이 확인되면 사업주와 경영책임자등은 추가 인력 배치, 추가 예산 배정 등을 통해 그 의무를 제대로 이행하기 위한 제반 조치를 취해야 한다. 인력 배치, 예산 배정 등에 관한 구체적인 사항은 앞서 살펴본 안전보건관리체계 구축을 위한 조치 내용을 참고하기 바란다.

4. 안전보건교육 실시에 대한 점검을 어떻게 할 것인가

가. 관련 법률

> **중대재해처벌법 시행령**
>
> **제5조(안전·보건 관계법령에 따른 의무이행에 필요한 관리상의 조치)** ② 법 제4조제1항제4호에 따른 조치에 관한 구체적인 사항은 다음 각 호와 같다.
> 3. 안전·보건 관계법령에 따라 의무적으로 실시해야 하는 유해·위험한 작업에 관한 안전·보건에 관한 교육이 실시되었는지를 반기 1회 이상 점검하고, 직접 점검하지 않은 경우에는 점검이 끝난 후 지체 없이 점검 결과를 보고받을 것

나. 이행 방안

사업주와 경영책임자등은 안전·보건 관계법령에서 정한 안전보건교육이 법에서 정한 대로 제대로 실시되고 있는지 반기에 1회 이상 점검해야 한다. 또한 직접 점검하지 않은 경우에는 안전보건교육이 제대로 이뤄지는지에 관한 점검 결과를 보고받아야 한다.

안전보건교육은 산업안전보건법상 교육뿐만 아니라 항공안전법·선박안전법 등 안전·보건과 관련한 법률에서 정하고 있는 별도의 안전보건교육까지 포함한다. 또한 안전보건교육 실시에 대한 점검은 직접고용한 근로자뿐만 아니라 도급·용역·위탁 등 제3자의 종사자에게도 이뤄져야 한다.

도급·용역·위탁업체 소속 종사자에게 안전·보건 관계법령에 따른 교육이 실시되지 않고 있다면 사업주와 경영책임자등은 적절한 시정명령을 통해 교육이 실시되도록 지도·감독하고, 교육 미이행 대상자는 작업에서 배제하는 등의 적극적 조치를 취할 수 있다.

아래 표들은 산업안전보건법상 근로자 안전보건교육에 관한 규정을 정리한 내용이다.

〈표 13〉 산업안전보건법상 근로자 안전보건교육 대상과 시간(산업안전보건법 제26조제1항, 제28조제1항)

교육과정	교육 대상	교육시간
정기교육	① 사무직 종사 근로자 ② 판매업무에 직접 종사하는 근로자	매분기 3시간 이상
	그 외 근로자	매분기 6시간 이상
	관리감독자의 지위에 있는 사람	연간 16시간 이상
채용 시 교육	일용근로자	1시간 이상
	일용근로자를 제외한 근로자	8시간 이상
작업내용 변경 시 교육	일용근로자	1시간 이상
	일용근로자를 제외한 근로자	2시간 이상
특별교육	일용근로자 (타워크레인 신호작업에 종사하는 일용근로자 제외)	2시간 이상
	타워크레인 신호작업에 종사하는 일용근로자	8시간 이상
	일용근로자를 제외한 근로자	16시간 이상 (단기간 작업 또는 간헐적 작업인 경우 2시간)
건설업 기초안전·보건교육	건설 일용근로자	4시간 이상

〈표 14〉 산업안전보건법상 안전보건담당자 직무교육(산업안전보건법 제29조제2항)

교육 대상		교육시간	
		신규교육	보수교육
안전보건관리책임자		6시간 이상	6시간 이상
안전·보건관리자		34시간 이상	24시간 이상
안전보건관리담당자		-	8시간 이상
재해예방기관 종사자	건설재해예방전문지도기관 종사자	34시간 이상	24시간 이상
	석면조사기관 종사자		
	안전검사기관, 자율안전검사기관 종사자		
	안전·보건 관리전문기관 종사자		

〈표 15〉 특수형태근로종사자에 대한 안전보건교육(산업안전보건법 제95조제1항)

교육과정	교육시간
최초 노무제공 시 교육	2시간 이상(단기간 작업 또는 간헐적 작업에 노무를 제공하는 경우에는 1시간 이상 실시하고, 특별교육을 실시한 경우는 면제)
특별교육	16시간 이상(최초 작업에 종사하기 전 4시간 이상 실시하고 12시간은 3개월 이내에서 분할해 실시 가능)
	단기간 작업 또는 간헐적 작업인 경우에는 2시간 이상

특별안전·보건교육 대상 작업
(산업안전보건법 제29조제3항: 유해·위험작업에 대한 안전보건교육)

1. 고압실 내 작업
2. 아세틸렌 용접장치 또는 가스집합 용접장치를 사용하는 금속의 용접·용단 또는 가열작업
3. 밀폐된 장소에서 하는 용접작업 또는 습한 장소에서 하는 전기용접 작업
4. 폭발성·물반응성·자기반응성·자기발열성 물질, 자연발화성 액체·고체 및 인화성 액체의 제조 또는 취급 작업
5. 액화석유가스·수소가스 등 인화성 가스 또는 폭발성 물질 중 가스의 발생장치 취급 작업
6. 화학설비 중 반응기, 교반기·추출기의 사용 및 세척작업
7. 화학설비의 탱크 내 작업
8. 분말·원재료 등을 담은 호퍼·저장창고 등 저장탱크의 내부 작업
9. 다음 각 목에 정하는 설비에 의한 물건의 가열·건조작업
    가. 건조설비 중 위험물 등에 관계되는 설비로 속부피가 1세제곱미터 이상인 것
    나. 건조설비 중 가목의 위험물 등 외의 물질에 관계되는 설비로서, 연료를 열원으로 사용하는 것 또는 전력을 열원으로 사용하는 것
10. 다음 각 목에 해당하는 집재장치의 조립·해체·변경 또는 수리작업 및 이들 설비에 의한 집재 또는 운반 작업
    가. 원동기의 정격출력이 7.5킬로와트를 넘는 것
    나. 지간의 경사거리 합계가 350미터 이상인 것
    다. 최대사용하중이 200킬로그램 이상인 것
11. 동력에 의해 작동되는 프레스기계를 5대 이상 보유한 사업장에서 해당 기계로 하는 작업
12. 목재가공용 기계를 5대 이상 보유한 사업장에서 해당 기계로 하는 작업

13. 운반용 등 하역기계를 5대 이상 보유한 사업장에서의 해당 기계로 하는 작업
14. 1톤 이상의 크레인을 사용하는 작업 또는 1톤 미만의 크레인 또는 호이스트를 5대 이상 보유한 사업장에서 해당 기계로 하는 작업
15. 건설용 리프트·곤돌라를 이용한 작업
16. 주물 및 단조작업
17. 전압이 75볼트 이상인 정전 및 활선작업
18. 콘크리트 파쇄기를 사용하여 하는 파쇄작업
19. 굴착면의 높이가 2미터 이상이 되는 지반굴착 작업
20. 흙막이 지보공의 보강 또는 동바리를 설치하거나 해체하는 작업
21. 터널 안에서의 굴착작업 또는 같은 작업에서의 터널 거푸집 지보공의 조립 또는 콘크리트 작업
22. 굴착면의 높이가 2미터 이상이 되는 암석의 굴착작업
23. 높이가 2미터 이상인 물건을 쌓거나 무너뜨리는 작업
24. 선박에 짐을 쌓거나 부리거나 이동시키는 작업
25. 거푸집 동바리의 조립 또는 해체작업
26. 비계의 조립·해체 또는 변경작업
27. 건축물의 골조, 다리의 상부구조 또는 탑의 금속제의부재로 구성되는 것의 조립·해체 또는 변경작업
28. 처마 높이가 5미터 이상인 목조건축물의 구조 부재의 조립이나 건축물의 지붕 또는 외벽 밑에서의 설치작업
29. 콘크리트 인공구조물(그 높이가 2미터 이상인 것만 해당한다)의 해체 또는 파괴작업
30. 타워크레인을 설치(상승작업을 포함한다)·해체하는 작업
31. 보일러(소형 보일러 제외)의 설치 및 취급 작업
32. 게이지 압력을 제곱센티미터당 1킬로그램 이상으로 사용하는 압력용기의 설치 및 취급 작업
33. 방사선 업무에 관계되는 작업(의료 및 실험용은 제외한다)
34. 맨홀작업
35. 밀폐공간에서의 작업
36. 허가 및 관리 대상 유해물질의 제조 또는 취급 작업
37. 로봇작업
38. 석면해체 및 제거작업
39. 가연물이 있는 장소에서 하는 화재위험작업
40. 타워크레인을 사용하는 작업 시 신호업무를 하는 작업

5. 안전보건교육이 실시되지 않았을 때 어떤 조치를 취해야 하나

가. 관련 법률

중대재해처벌법 시행령

제5조(안전·보건 관계법령에 따른 의무이행에 필요한 관리상의 조치) ② 법 제4조제1항제4호에 따른 조치에 관한 구체적인 사항은 다음 각 호와 같다.
4. 제3호에 따른 점검 또는 보고 결과 실시되지 않은 교육에 대해서는 지체 없이 그 이행의 지시, 예산의 확보 등 교육 실시에 필요한 조치를 할 것

나. 이행 방안

점검이나 보고 결과, 안전·보건 관계법령에서 정한 안전보건교육이 제대로 이뤄지지 않았음이 확인되는 경우 사업주와 경영책임자등은 교육 실시를 위한 업무지시, 예산 확보 등을 통해 조속히 안전보건교육이 제대로 이뤄지도록 조치해야 한다.

만약 도급·용역·위탁 등 제3자의 종사자에 대한 안전보건교육이 제대로 이뤄지지 않았음이 확인된다면 도급·용역·위탁업체 등에 조속히 교육을 실시하도록 촉구하거나 교육 미실시 종사자를 업무에서 배제하는 등의 조치를 취해야 한다.

■ 자율점검표 12

안전보건 관계법령 의무 이행을 위한 조치

자율점검항목	적정	부적정	비고
우리 사업장에 적용될 종사자의 안전보건과 관계된 안전보건 관계법령은 정리돼 있는가?	☐	☐	
안전보건 관계법령은 법령별로 이를 이행하고 관리할 주체 및 책임단위가 설정돼 있는가?	☐	☐	
안전보건관계법령은 정기적으로 그 이행 여부를 확인·감독하는 절차가 마련돼 있는가?	☐	☐	
안전보건 관계법령의 미이행 상태를 경영진에게 즉시 보고하는 업무절차가 마련돼 있는가?	☐	☐	
안전보건 관계법령 미이행 상태에 대해 경영책임자는 인력 및 예산을 편성하는 등 이행에 필요한 조치를 취하고 있는가?	☐	☐	
사업장 내 도급·위탁·용역업체의 안전보건 관계법령 이행 상태를 보고받고, 미이행 시 적절한 지도·감독을 할 수 있는 업무절차가 마련돼 있는가?	☐	☐	
안전보건 관계법령 이행 점검을 외부기관에 위탁한 경우 위탁 점검이 위탁계획서에 따라 제대로 이루어지고 있는지 관리하고 있는가?	☐	☐	
도급·용역·위탁업체 종사자를 포함한 사업장 근로자 전원에 대한 안전보건교육 계획은 수립돼 있는가?	☐	☐	
산업안전보건법 등 법에서 정한 사업장 근로자 안전보건교육은 교육훈련 계획에 따라 이행되고 있는가?	☐	☐	
유해·위험작업 대상 근로자에 대한 안전보건교육은 관리감독자의 지휘하에 충실히 수행되고 있는가?	☐	☐	
관계법령에 따라 의무적으로 실시해야 하는 유해·위험작업에 대한 안전보건교육 진행상황 및 미이행 사항을 경영책임자에게 보고하는 절차가 마련돼 있는가?	☐	☐	
경영책임자는 유해·위험작업에 관한 안전보건교육 미이행 사항을 정기적으로 점검하고, 미이행 상황에 대한 필요한 조치(예산 지원 등)를 하고 있는가?	☐	☐	
안전보건에 관한 교육 및 훈련자료는 최소 5년 이상 기록 및 보존하고 있는가?	☐	☐	

【부록】

1. 중대재해처벌법 처벌 사례 분석
2. 위험성 평가 활용

부록1 중대재해처벌법 처벌 사례 분석

1. 들어가며

이 법이 시행된 2022년 1월 27일부터 12월 31일까지의 산재 사망사고 통계는 다음과 같다.[13] 이 법의 적용 대상인 상시 근로자 50명 이상인 사업 또는 사업장(건설업의 경우에는 공사금액 50억원 이상)의 경우 사고 사망자는 231명(210건)으로, 전년 같은 기간 대비 1명(0.4%), 9건(4.1%)이 감소했다. 반면 법 적용 대상이 아닌 곳의 경우 사고 사망자는 365명(358건)으로 2021년 같은 기간보다 43명(10.5%), 47건(11.6%) 감소했다. 그리고 2022년 12월 31일까지 고용노동부가 파악한 중대산업재해 처리 현황은 다음과 같다.

〈표 16〉 고용노동부 중대산업재해 처리 현황

발생	검찰 송치	내사종결	수(내)사 중	사건처리율 (송치+내사종결)/발생
229건	34건 (기소 11건)	18건	177건	22.7 %

검찰로 송치된 사건 중에서 안전보건 확보의무 위반을 조항별로 구분하면 다음과 같다. 참고로 하나의 사안에 대해 위반조항이 2개 이상 중복된 경우가 있어서 송치 건수와 위반 건수가 일치하지 않는다.

---

13   이하의 수치는 고용노동부, 중대재해처벌법 시행 1년 현황 및 과제(2023년 1월) 자료집을 인용한 것이다.

〈표 17〉 중대산업재해 검찰 송치 사건 법(시행령) 적용 현황

구분	계	시행령 제4조									시행령 제5조 제1호
		제1호	제2호	제3호	제4호	제5호	제6호	제7호	제8호	제9호	
위반 건수	126	12	4	28	15	20	5	14	17	9	2
백분율(%)	100.0	9.5	3.2	22.2	11.9	15.9	4.0	11.1	13.5	7.1	1.6

2023년 6월 말 기준으로 검찰이 법원에 기소한 건수는 20건이고, 1심 판결이 선고된 것은 3건인데, 모두 유죄다. 이하에서 검찰의 공소장과 법원 판결을 쟁점별로 짚어 본다.

2. 어떤 논리로 기소됐나
- 주요 조항별 분석

가. 유해·위험요인을 확인하고 개선하는 업무절차를 마련하지 않아서

사업주 또는 경영책임자는 ① 사업 또는 사업장 특성에 따른 유해·위험요인을 확인해 개선하는 업무절차를 마련해야 한다. ② 그리고 해당 업무절차에 따라 유해·위험요인의 확인 및 개선이 이루어지는지를 반기 1회 이상 점검해야 한다. ③ 마지막으로 개선을 위해서 필요한 조치를 해야 한다(시행령 제4조제3호).

이 조항이 문제 된 공소장을 보면 대부분 업무절차를 마련하지 않은 것(①), 즉 위험성 평가를 하지 않은 것이 문제로 지적됐다. 위험성 평가를 정기적으로 수행하는 업무절차를 마련했더라면 사업장의 문제점을 발견해서 유해·위험요인을 발견하고 개선할 수 있었고, 그랬더라면 중대산업재해 예방이 가능했다는 논리다. 또한 위험성 평가를 하기는 했지만 아주 형식적으로만 수행해서 '하지 않은 것과 다를바 없다'고 본 사례도 있다.

나. 안전보건관리책임자 등을 제대로 관리하지 않아서

사업주와 경영책임자등은 산업안전보건법에 따른 안전보건관리책임자, 관리감독자 및 안전보건총괄책임자(이하 '안전보건관리책임자등')가 법에서 정한 각각의 업무를 각 사업장에서 충실히 수행할 수 있도록 다음의 조치를 해야 한다. 첫째, 안전보건관리책임자등에게 해당 업무 수행에 필요한 권한과 예산을 주어야 한다. 둘째, 안전보건관리책임자등이 해당 업무를 충실하게 수행하는지를 평가하는 기준을 마련하고, 그 기준에 따라 반기 1회 이상 평가·관리해야 한다(시행령 제4조제5호 위반).

이 조항이 문제 된 공소장을 보면 경영책임자가 안전보건관리책임자의 업무를 평가하는 기준이 없었다는 점을 문제 삼았다. 즉 경영책임자가 안전보건관리책임자에 대한 관리·감독을 소홀히 하지 않았더라면, 이들이 산재 예방 등 안전보건 활동을 제대로 수행했을 것이고, 그랬더라면 중대산업재해를 예방할 수 있었을 것이라는 논리다.

다. 종사자 의견을 듣는 절차를 마련하지 않아서

사업주 또는 경영책임자등은 ① 안전·보건에 관한 사항에 대해 종사자의 의견을 듣는 절차를 마련하고 ② 그 절차에 따라 의견을 들어야 한다. 그리고 ③ 그 의견이 재해 예방에 필요하다고 인정하는 경우에는 그에 대한 개선방안을 마련해 이행하는지를 반기 1회 이상 점검하고 ④ 필요한 조치를 해야 한다(시행령 제4조제7호).

이 조항이 문제 된 공소장을 보면 대개 ① 종사자의 의견을 듣는 절차 자체가 없는 경우였다. 즉 종사자의 의견을 들었더라면 위험요인을 미리 포착해서 개선할 수 있었을 것이고 그랬더라면 중대산업재해를 예방할 수 있었다는 논리다.

라. 매뉴얼을 마련하지 않아서

사업주 또는 경영책임자등은 중대산업재해가 발생 또는 발생할 급박한 위험이 있을 경우를 대비해서 ① 작업 중지 등 대응조치, 중대산업재해를 입은 사람에 대한 구호조치, 추가 피해 방지를 위한 조치에 관한 매뉴얼을 마련해야 한다. ② 그리고 매뉴얼에 따라 조치하는지를 반기 1회 이상 점검해야 한다(시행령 제4조제8호).

이 조항이 문제 된 공소장을 보면 대부분 매뉴얼이 없는 상황 자체가 지적됐다. 즉 작업 중지에 관한 매뉴얼이 있었더라면, 종사자가 위험한 상황에서 작업 중지권을 행사할 수 있었을 것이고 그랬더라면 중대산업재해를 예방할 수 있었다는 논리다.

마. 경영책임자등이 책임져야 하는 영역이 분명히 있다

이 법이 생기기 전에는 수사기관이 사고원인을 'A'로 지목하면, A가 지켜지지 않아서 중대재해가 발생했다는 이유로 현장책임자인 공장장이나 현장소장을 처벌했다. 그런데 이 법은 왜 현장에서 'A'가 지켜지지 않았는지, 말하자면 '원인의 원인'은 없었는지를 따져 보자는 것이다.

예를 들자면 △경영책임자등이 위험성 평가를 하지 않아서 (제4조제3호) △경영책임자등이 안전보건관리책임자 등 실무책임자들이 역할을 제대로 하는지를 관리·감독하지 않아서(제4조제5호) △종사자의 의견을 듣는 절차를 마련하지 않았거나 그 의견이 제기됐음에도 개선하지 않아서(제4조제7호) △작업 중지 매뉴얼이 없어 작업 중지권을 행사하지 못해서, 'A'가 지켜지지 못했기 때문에 중대재해가 발생했다고 설명하고 있다.

말하자면 실무책임자 차원을 넘어선 문제, 즉 경영책임자등이 해결했어야 할 문제로 중대산업재해가 발생했는지를 따져야 한다는 것이 이 법의 요구다.

3. 온유파트너스 판결 검토: 최초로 유죄가 선고된 판결
 (vs. 최초로 실형이 선고된 한국제강 판결과 비교)

가. 개요

온유파트너스는 상시 근로자 40명 규모의 소규모 건설사로, 요양병원 증축공사를 도급받았다(81억원). 공사 중에 하청 소속 노동자 1명이 추락해 사망했다. 일시별로 보면 2022년 5월 14일 사망 사고가 발생했고, 6월 29일 검찰 송치, 11월 30일 기소, 2023년 2월 27일 1회 공판기일에서 피고인이 모두 자백했다. 그리고 2023년 4월 6일 1심이 선고됐다.

나. 공소사실의 요지

사고 원인은 이렇다. 개구부에서 안전대를 착용하지 않은 피해노동자가 상단 봉이 해체된 안전난간 위로 손을 뻗어 슬링벨트로 한 군데만 묶은 채 양중기로 인양하던 94.2킬로그램 상당의 고정앵글 묶음을 건물 내부로 당기던 중 고정앵글이 슬링벨트에서 이탈해 바닥으로 떨어지자 피해노동자도 그 반동으로 함께 16.5미터 바닥으로 추락해 사망했다.

검찰은 ① 유해·위험요인을 확인해 개선하는 업무절차가 없었고(시행령 제4조제3호) ② 안전보건관리책임자 등에게 업무수행에 필요한 권한과 예산을 주고 그 업무수행 정도를 평가하는 기준을 마련해, 그에 따라 반기 1회 이상 점검한 후 필요한 조치가 없어서 안전보건관리책임자가 위험을 적절히 평가해 사고방지를 위한 작업계획을 수립하지 못하게 했고 그에 따라 안전대 지급 등을 못 하도록 했으며(시행령 4조5호) ③ 작업 중지 등 매뉴얼을 마련하지 않았기 때문에 언제든지 추락에 따른 중대산업재해가 발생할 수 있는 급박한 위험이 있음에도 안전보건관리책임자 등으로 하여금 작업을 중지하거나 추락위험을 제거하도록 하지 못한 것(시행령 제4조제8호)이 사고 원인이라고 지적했다.

다. 판결의 의의

1심 선고 내용은 다음과 같다.

	당사자	선고형
원청	A 원청법인(중대재해처벌법)	3천만원
	B 대표이사(중대재해처벌법)	징역 1년6개월, 집행유예 3년
	C 현장소장	징역 8개월, 집행유예 2년
	D 안전관리자	500만원
하청	E 하청법인	벌금 1천만원
	F 하청 현장소장	징역 8개월, 집행유예 2년

재판부는 검찰의 기소 내용이 모두 타당하다고 보아 유죄 판결을 내렸다. 그러면서 빈번하게 발생하는 산업재해는 사업주와 도급인에게 무거운 사회적·경제적 책임을 물어야 한다는 사회적 합의가 이루어졌고, 그 결과 이 법이 제정됐다고 봤다.

재판부는 원청의 경영책임자가 위반한 사항 중에서 일부라도 지켰다면 사망은 발생하지 않았을 가능성이 크다고 판단했다. 재해 발생의 원인을 1차적인 기인물에서 찾은 것을 넘어서 원청 경영책임자 차원에서 해결해야 하는 구조적인 원인이 있음을 지목하고 그에 관한 책임을 물은 것이다. 판결선고 후에 검찰과 피고인이 모두 항소하지 않아 판결은 확정됐다.

라. 한국제강 사건에서는 왜 실형이 선고됐을까

원청은 경상남도 마산에 소재한 제조업체인 한국제강이다. 원청은 8년째 상주 중인 사내협력업체에 제강 및 압연 일용보수작업 업무를 도급 주었다.

사건은 2022년 3월 16일 발생했다. 야외작업장에서 방열판(1천220킬로그램)을 보수하는 작업 중 방열판을 들어 올리는 과정에서 사용한 섬유벨트가 끊어져 협력업체 소속 피해노동자의 왼쪽 다리가 방열판에 깔려 쇼크사했다.

1심 선고 내용은 다음과 같다.

	당사자	선고형
원청	B 원청 대표이사(중대재해처벌법)	징역 1년
	C 원청 법인(중대재해처벌법)	벌금 1억원
하청	A 하청 대표이사(산업안전보건법)	징역 6개월, 집행유예 2년

이 사건의 경우 재판부가 구조적 원인에 주목했다는 점에서는 온유파트너스 사건과 동일하다. 그런데 이 사건의 원청이 산업안전보건법으로 처벌받은 전력이 다수 있었다는 점이 달랐다. 2011년에 원청 대표이사가 산업안전보건법 위반으로 벌금형을 받았고, 2020년 12월 21일 고용노동부 사고예방 감독에서도 불법사항이 적발돼 벌금형 처벌을 받았으며, 2021년 5월 24일에는 사망사고가 발생해 1심에서 징역 10개월에 집행유예 2년, 2심에서 벌금 1천만원을 선고받고 최근에 확정된 사정이 있었다.

이처럼 한국제강의 경우 기업 내부에 구조적 문제가 있음에도 개선되지 않아서 결국 중대재해가 발생한 것으로 보이므로 그에 걸맞은 사회적·경제적 책임을 지워야 한다고 보아 원청인 한국제강 대표이사에게 징역 1년, 회사에는 벌금 1억원을 선고했다.

4. ㈜삼표 사건 검토: 진짜 '경영책임자'를 찾아 기소한 사건
(vs. CSO가 아닌 대표이사가 기소된 삼강에스앤씨 사건과 비교)

가. 개요

㈜삼표는 시멘트 판매를 위해 골재채취부터 판매까지 수직계열화된 그룹집단의 지주회사다. 이 그룹집단에 속한 '삼표산업' 소속 근로자 3명이 골재를 채취하던 중에 2022년 1월 29일

매몰돼 사망했다. 검찰은 1년이 지난 2023년 3월 31일 삼표산업 관련자뿐만 아니라, ㈜삼표와 그 대표이사를 중대재해처벌법 위반으로 기소했다.

나. 공소사실의 요지

산업안전보건법 등에 따르면 굴착이나 천공작업을 하는 경우에는 ① 작업계획서를 작성해 따라야 하고 ② 굴착 사면 기울기를 측정하는 등 붕괴 대비 안전조치를 해야 하며 ③ 굴착 사면에서 일부 붕괴가 있는 경우 작업을 중단하고 위험성 평가를 실시해야 한다. 그러나 아무런 조치가 없어서 채석장 하부에서 작업 중이던 피해노동자 3명이 굴착과 천공작업을 하던 도중에 상부에서 무너져 내린 석분토에 파묻혀 사망했다.

검찰은 중대재해처벌법 위반의 경우 유해·위험요인을 확인해 개선하는 업무절차가 없었고(시행령 제4조제3호), 작업 중지 등 매뉴얼이 없었음(시행령 제4조제8호)을 문제로 기소했다. 더욱 중요한 쟁점은 누구를 경영책임자로 볼 것인가였다. 검찰은 피해자들이 삼표산업에 소속돼 있기는 했지만 모회사이자 지주회사인 ㈜삼표의 대표이사를 경영책임자로 보고 기소했다.

다. 공소제기의 의미

검찰은 지주회사인 ㈜삼표의 대표이사가 평소에도 그룹집단에 소속된 회사들의 안전·생산·인사·재무와 관련해 경영권을 행사했다는 점을 지적했다. 그리고 삼표산업에 대표이사와 안전경영책임자가 별도로 선임돼 있고 전결권이 주어졌지만 안전사고에 관해서는 ㈜삼표의 대표이사에게 보고됐다는 점에 주목했다.

특히 이 사건 사고 처리에 관해서도 ㈜삼표의 대표이사에게 보고되고 그 지시에 따랐다는 점에 주목해, 실제 안전 문제에 관한 최종 결정권이 ㈜삼표의 대표이사에게 있다고 봤다. 아울러 본건 사고의 원인이 된 작업방식을 지시한 것도 ㈜삼표의 대표이사라고 판단했다.

라. CSO를 선임했다면 대표이사의 책임이 면제될까

 2022년 2월 19일 선박수리 작업 중 하청노동자 추락으로 인한 사망사고가 발생해 같은 해 11월 3일 기소된 삼강에스앤씨 사건을 보자. 이 사건에서 원청의 대표이사는 본인이 CSO를 선임했다며 책임이 없다고 항변했다. 그러나 검찰은 안전보건에 관한 실제 의사결정은 모두 CSO가 아닌 대표이사가 했다고 보고 기소했다.

 즉 검찰은 법조문에 나와 있는 대로 누가 사업을 대표하고 총괄하는 권한과 책임이 있는지, 다시 말해 누가 실질적인 의사결정을 했으므로 그에 따르는 책임을 지워야 하는지에 주목했다. 따라서 이 법에 따른 책임을 지는 사람은 개별 기업이 아닌 지주회사의 대표일 수도 있다. 반면에 CSO가 선임됐다고 하더라도 실질적으로 누가 최종적인 의사결정 권한을 행사했는지를 따져 보아야 한다.

5. 두성산업 사건 검토: 최초 기소 사건이자 유일한 비(非) 사망 사건
 (vs. 불기소 사건인 대흥알앤티 사건과 비교)

가. 개요

 제조업체인 두성산업과 대흥알앤티는 화학물질 제조사인 A사에서 똑같은 세척제를 납품받아 작업했다. 그리고 두 회사 모두에서 급성중독 질병자가 10명 이상씩 발생했다. 그런데 검찰은 두성산업만 2022년 6월 27일 중대재해처벌법으로 기소했다.

나. 공소사실의 요지

 산업안전보건법 위반 등의 경우 국소배기장치를 설치하지 않고 유해화학물질을 취급하게 한 점, 유해한 물질의 특성과 인체에 미치는 영향과 증상, 주의사항, 보호구와 착용 방법, 위급 상황 시 대처 방법과 응급조치 요령 등에 관해 교육을 하지 않은 점이 지적됐다.

중대재해처벌법의 경우 검찰은 두성산업 대표가 유해·위험요인을 확인해 개선하는 업무절차를 마련하지 않았고(시행령 제4조제3호), 안전보건관리책임자 등에게 업무수행에 필요한 권한과 예산을 주거나 업무를 충실하게 수행하는지 평가하는 기준도 마련하지 않았다는 이유로 기소했다(시행령 제4조제5호).

다. 왜 똑같은 제품을 받아서 쓴 대흥알앤티 대표는 불기소됐을까

그렇다면 검찰은 왜 같은 세척제를 사용했고, 13명의 급성중독자가 발생한 대흥알앤티 대표는 왜 중대재해처벌법 위반으로 기소하지 않았을까.

첫째, 종사자 의견청취 및 재해 예방에 필요한 개선방안을 마련했는지 여부다(시행령 제4조제7호). 해당 사업장에 조직된 노조인 금속노조 경남지부 대흥알앤티지회에서는 2021년 3분기 산업안전보건위원회에서 세척 공정에서 세척제 냄새가 심하게 난다는 얘기를 듣고 국소배기장치를 개선해야 한다고 건의했다. 그런데 검찰은 당시 산업안전보건위원회에서는 주로 '성형'공정의 국소배기장치 성능에 관해 논의됐으므로, 우선 이 공정을 개선하고 공정별로 순차적으로 개선하기로 논의가 됐다고 봤다. 따라서 경영책임자가 의견을 청취하는 절차를 마련하지 않았다거나, 그와 관련된 의무를 이행하지 않았다고 보기 어렵다고 판단했다.

둘째, 유해요인 확인 및 개선 업무절차가 마련됐는지가 문제가 됐다(시행령 제4조제3호). 노조는 위험성 평가를 하는 경우 실제 위험요인을 파악하지는 않고 설문조사 시 의견만 취합하며, 현장조사 때 근로자 참여도 보장하지 않는 등 실질적으로 위험성 평가가 이뤄지지 않았다고 주장했다. 그러나 검찰은 경영책임자등이 2021년 7월께 위험성 평가를 위해 외부 기관에 자율안전진단을 의뢰했고, 회사에서 자체적으로 실시한 위험성 평가에서도 문제가 발견돼 국소배기장치 유속 증가를 위한 일부 조치를 했다고 봤다.

또한 검찰은 경영책임자가 보건관리에 관해 외부 기관에 위탁해 정기적으로 상태를 점검했는데 그 결과 세척 부분의 국소배기장치 풍속 증가가 필요하다고 권고받아 배기장치를 청소하는 등의 조치를 했고, 이후 2022년 3월 안전보건공단의 작업환경측정 시 수동 세척기의 국소배기장치 성능이 적정한 것으로 측정된 점에 주목했다.

아울러 검찰은 경영책임자가 2021년까지 매년 위험성 평가를 실시하고 그에 따라 확인된 일부 위험요인에 대한 개선책을 마련하고 이행하는 등 나름의 조치를 했다고 봤다. 따라서 일부 사항이 개선되지 않았다고 하더라도, 이 법 시행 후 반기가 도래하기 전에 직업성 질병이 발생해 반기 1회 이상 점검해야 하는 의무를 이행하지 않았다고 보기 어려워 의무위반이 인정되기 어렵다고 밝혔다.

셋째, 안전보건관리책임자 등의 업무수행을 평가하는 기준이 마련됐고 관리되고 있었는지 여부다(시행령 제4조제5호). 검찰은 경영책임자가 이들에 대한 업무 매뉴얼을 만들고, 업무수행 상황을 점검하고 평가하는 기준을 마련해 양식을 비치했고, 이 법 시행 후 반기가 도래하기 전에 직업성 질병이 발생해 반기 1회 이상 점검해야 하는 의무를 이행하지 않았다고 보기 어려워 그 의무를 다했다고 판단했다.

넷째, 재해 예방을 위한 시설 구비에 필요한 예산을 편성했는지 여부다(시행령 제4조제4호). 검찰은 경영책임자가 2022년 국소배기장치 개선 외 17개 항목에 관한 개선 비용으로 9억7천만원의 예산을 배정했고, 그 외 투자비도 예산에 편성했고, 이는 직업성 질병 발병 이전에 배정됐다고 봤다. 따라서 이 예산이 실제 용도에 맞게 집행됐는지를 평가하기 어려워 경영책임자가 재해 예방을 위한 시설 구비에 필요한 예산을 편성하지 않았다거나, 그 용도대로 예산을 집행하지 않았다고 단정하기 어렵다고 했다.

이상에서 살펴본 네 가지 내용이 타당한지, 그리고 실체적 진실에 가까운지는 별도로 따져볼 필요가 있다. 다만 기소와 불기소를 갈랐던 지점은 시사하는 바가 크다. 검찰은 거의 아무런 조치도 하지 않은 회사는 기소한 반면, 나름대로 우선순위를 정해서 안전보건관리체계를 구축하려고 노력했지만 결과를 막지 못한 회사는 기소하지 않은 것으로 보인다.

부록2 위험성 평가 활동*

1. 위험성 평가의 개념

'위험성 평가'란 사업주가 스스로 유해·위험요인을 파악하고 해당 유해·위험요인의 위험성 수준을 결정해 위험성을 낮추기 위한 적절한 조치를 마련하고 실행하는 과정을 말한다.

2. 위험성 평가의 대상

위험성 평가의 대상이 되는 유해·위험요인은 업무 중 근로자에게 노출된 것이 확인됐거나 노출될 것이 합리적으로 예견되는 모든 유해·위험요인이다. 다만 매우 경미한 부상 및 질병만을 초래할 것으로 명백히 예상되는 유해·위험요인은 평가 대상에서 제외할 수 있다.

사고 및 질병으로 이어질 가능성이 있었던 '아차사고'를 확인한 경우 그 유해·위험요인도 평가 대상에 포함해야 하며, 중대재해가 발생한 경우에는 그 원인이 되는 유해·위험요인에 대해서도 위험성 평가를 실시해야 한다.

---

* 2023년 5월 사업장 위험성 평가에 관한 지침 개정안 반영

3. 위험서 평가의 실시 주체

사업주는 스스로 사업장의 유해·위험요인을 파악하고 이를 평가해 관리·개선하는 등 위험성 평가를 실시해야 한다. 그리고 작업의 일부 또는 전부를 도급에 의해 행하는 사업의 경우 도급을 준 도급인과 도급을 받은 수급인은 각각 위험성 평가를 실시해야 한다. 도급사업주는 수급사업주가 실시한 위험성 평가 결과를 검토해 도급사업주가 개선할 사항이 있는 경우 이를 개선해야 한다.

4. 근로자의 참여

사업주는 위험성 평가를 실시할 때 다음 각 호에 해당하는 경우 해당 작업에 종사하는 근로자를 참여시켜야 한다.

> 1. 유해·위험요인의 위험성 수준을 판단하는 기준을 마련하고, 유해·위험요인별로 허용 가능한 위험성 수준을 정하거나 변경하는 경우
> 2. 해당 사업장의 유해·위험요인을 파악하는 경우
> 3. 유해·위험요인의 위험성이 허용 가능한 수준인지 여부를 결정하는 경우
> 4. 위험성 감소대책을 수립해 실행하는 경우
> 5. 위험성 감소대책 실행 여부를 확인하는 경우

이 경우 참여 근로자의 범위를 일정한 요건(과반수, 3분의 1 이상 등)으로 요구하지 않으며, 위험성 평가 대상 작업의 위험을 가장 잘 아는 근로자가 참여하는 것이 원칙이다. 외국인 근로자가 대부분인 경우나 근로자들이 수시로 바뀌는 건설 현장 등 근로자의 참여가 어려운 사정이 있다면, 관리감독자의 참여도 근로자의 참여로 인정될 수 있다.

5. 위험성 평가 조직운영체계

사업주는 다음과 같은 방법으로 위험성 평가를 실시해야 한다.

> 1. 안전보건관리책임자 등 해당 사업장에서 사업의 실시를 총괄관리하는 사람에게 위험성 평가의 실시를 총괄관리하게 할 것
> 2. 사업장의 안전관리자·보건관리자 등이 위험성 평가 실시에 관해 안전보건관리책임자를 보좌하고 지도·조언하게 할 것
> 3. 유해·위험요인을 파악하고 그 결과에 따른 개선조치를 시행할 것
> 4. 기계·기구·설비 등과 관련된 위험성 평가에는 해당 기계·기구·설비 등에 전문 지식을 갖춘 사람을 참여하게 할 것
> 5. 안전·보건관리자의 선임의무가 없는 경우에는 제2호에 따른 업무를 수행할 사람을 지정하는 등 그 밖에 위험성 평가를 위한 체제를 구축할 것

6. 위험성 평가의 방법

가. 빈도·강도법

빈도·강도법은 사업장에서 파악된 유해·위험요인이 얼마나 위험한지를 판단하기 위해 위험성의 빈도(가능성)와 강도(중대성)를 곱셈, 덧셈, 행렬 등의 방법으로 조합해 위험성의 크기(수준)를 산출해 보고, 그 위험성의 크기가 허용 가능한 수준인지 여부를 살펴보는 방법이다.

안전보건공단은 위험성평가지원시스템(kras.kosha.or.kr)에서 기존에 5단계 방법이라는 이름으로 위험성 평가 과정을 도와주고 기록하는 서비스를 제공하고 있다.

예시 - 위험 가능성과 중대성을 조합한 빈도·강도법

■ 작업 공정명: 접착제 제조　　　　　　　　　　　　　　　　　　　　■ 평가일시: 2023-02-10

세부 작업명	유해위험요인 파악		현재의 안전보건조치	현재위험성			위험성 감소대책	개선후 위험성	개선 예정일	개선 완료일	담당자	①관련근거 (선택사항)
	위험분류	위험발생 상황 및 결과		가능성 (빈도)	중대성 (강도)	위험성						
원자재 보관	기계적 요인	원자재 창고 출입구에 적재물이 쌓여 있어 지게차 운행 중 보행 중인 근로자와 충돌할 위험	1. 창고 출입구에 지게차 통행 시 경보음 발생	4	4	16	1. 창고 출입구 주변 적재물 이동하여 시야확보 2. 출입구에 반사경 설치 3. 지게차와 근로자 이동동선 구분	8	'23년도 1분기	'23. 04.02	김원료	규칙 제11조 (작업장의 출입구) 제22조 (통로의 설치)
원료 투입	화학 (물질) 적 요인	원료투입 시 반응기 원료투입구로 화학물질 증기(톨루엔 등)가 작업장으로 확산되어 작업자가 노출되어 직업병 발생 위험	1. 작업자 보호구(방독 마스크) 지급 및 착용 2. 반응기·원료 투입구에 국소배기 장치 설치 및 사용	3	1	3	-	-	-	-	-	규칙 제442조 (관리대상 유해물질과 관계되는 설비) 제450조 (호흡용보호구의 지급 등)
배합	기계적 요인	리본믹서 투입 (1.2m*0.6m)로 포대형태(20kg)의 원료를 투입할 때 균형을 잃고 리본믹서 내부로 근로자가 추락할 위험	-	4	2	8	1. 원료투입구의 크기를 조정 (0.4m*0.4m) 2. 투입구에 메쉬 형태 망 설치	2	'23. 03.24	'23. 03.20	김원료	규칙 제43조 (개구부 등의 방호 조치)
반응	전기적 요인	반응기에 상부 원료투입구에서 인화성액체(유기용제) 투입 중 낙차로 인한 정전기 발생으로 화재/폭발 위험	1. 대전방지용 복장 및 도구 사용 - 대전방지용 작업복 및 작업화, 작업장 바닥 도전성 조치 2. 반응기 및 배관 본딩 접지	3	4	12	1. 딥파이프 설치 등 원료투입 방법 개선	8	'23. 02.16	'23. 02.15	이공무	규칙 제325조 (정전기로 인한 화재 폭발 등 방지)
유지/ 보수	기계적 요인	압력용기 상부에 이동식 사다리를 걸쳐놓고 안전밸브 테스트 시 균형 상실로 인한 추락 위험	1. 2인 1조 작업 실시 2. 이동식사다리 아웃트리거 사용	2	2	4	1. 난간이 설치된 이동식계 또는 말비계 구매·사용	2	'23. 02.28	'23. 03.02	이공무	규칙 제42조 (추락의 방지)

①관련근거: 파악된 유해·위험요인과 관련된 법령 및 기준을 기록하여 개선대책 수립 시 활용(선택적 사항)

자료: 고용노동부 2023 새로운 위험성 평가 안내서, 63쪽

나. 체크리스트(Checklist)법

체크리스트 위험성 평가 방법은 평가 대상에 대해 미리 준비한 세부 목록을 사용해 위험성 평가를 하는 방법이다. 일반적으로 각 항목에 대해 "○" 또는 "×" 등으로 표시해 목록에 제시된 유해·위험요인의 위험성이 우리 사업장에서 허용가능한 수준의 위험인지 여부를 판단한다.

예시 체크리스트(Checklist)법

■ ①-1 평가대상: 비계설치공사　　　　　　　　　　　　　　　　■ 평가자: 박안전, 김반장

번호	①-2 유해·위험요인 파악 (위험한 상황과 결과)	② 위험성 확인결과			③ 개선대책	④ 개선 완료일	⑤ 담당자	⑥ 관련근거 (선택사항)
		적정	보완	해당없음				
1	프레스에 방호장치(광전자식, 양수조작식 등)가 설치되었는가?		✓		■ 양수조작식 및 광전자식 방호장치 설치	'23. 4.23	이공무	규칙 제103조 (프레스등의 위험방지)
2	프레스 방호장치는 정상적으로 작동하는가?		✓		① 작업 전 정상 작동상태 확인 후 작업 시작토록 작업절차에 반영 ② 관리감독자 등에게 해당 절차 교육	'23. 4.23	박안전	규칙 제103조 (프레스등의 위험방지)
3	프레스에 안전블럭을 구비하고 있는가?	✓						규칙 제104조 (금형조정작업의 위험방지)
4	프레스에 비상정지장치가 설치되고 정상작동 하는가?	✓						안전검사 고시 (프레스 검사기준)
5	프레스 정비·청소·수리 등 작업 시 전원투입 잠금장치 사용 또는 조작금지 표지판을 게시하는가?		✓		■ 전원 투입부 키 스위치 설치 및 작업 중 안내 표지판 사용	'23. 4.23	정감독	규칙 제92조 (정비 등의 작업 시의 운전정지 등)
6	프레스 정비·청소·수리 등 작업 시 동력의 전원을 차단하는가?		✓		■ 작업자에게 운전정지 필요 작업 및 방법·절차 교육 실시	'23. 4.23	정감독	규칙 제92조 (정비 등의 작업 시의 운전정지 등)
7	프레스는 안전검사를 받았는가?	✓						법 제93조 (안전검사)
8	작업자는 귀마개, 안전화 등을 착용하는가?	✓						규칙 제516조 (청력보호구의 지급 등)

※ 체크리스트 각 항목의 작성방법
①-1) 평가대상: 공정, 작업, 장소 또는 재해유형별로 구분하여 대상 선정
①-2) 유해·위험요인 및 발생형태: 평가대상에 내재된 안전보건 상의 위험요인 도출
② 위험성 확인결과: 각 유해·위험요인의 안전·보건조치가 적절한지 확인
③ 개선대책: 제거, 대체, 추가적인 안전조치 순서대로 실행 가능한 대책 수립
④ 개선일자: 유해·위험요인의 특성, 소요예산, 사업장 여건을 고려하여 일정 조율하고 개선이 완료된 것을 확인하여 그 일자를 기록
⑤ 담당자: 개선 필요사항에 대한 담당자를 지정하여 책임을 부여하고, 개선실시 여부 및 유지 여부를 확인하도록 함
⑥ 관련근거: 파악된 유해·위험요인과 관련된 법령 또는 관련 기준을 기록하여 개선대책 수립 시 활용(선택적 사항)

자료: 고용노동부 2023 새로운 위험성 평가 안내서, 49쪽

다. 위험성 수준 3단계(저·중·고) 판단법

위험성 수준 3단계 판단법은 위험성 결정을 위해 유해·위험요인의 위험성을 가늠하고 판단할 때, 위험성 수준을 "상·중·하" 또는 "고·중·저"와 같이 간략하게 구분하고, 직관적으로 이해할 수 있도록 위험성의 수준을 표시하는 방법을 말한다.

예시 | 위험성 수준 3단계(저·중·고) 판단법

■ 평가대상: 비계설치공사 ■ 평가자: 박안전, 김반장

번호	유해·위험요인 파악 (위험한 상황과 결과)	위험성의 수준 (상,중,하)	개선대책	개선 예정일	개선 완료일	담당자	①관련근거 (선택사항)
1	비계의 작업발판 위에서 이동 또는 작업 중 떨어짐 위험	☑□□ 상 중 하	■ 작업발판 단부에 안전난간을 설치 ■ 임의 해체구간에서 작업 시 반드시 부착설비에 안전대 체결	'23. 3.15	'23. 3.15	김반장	규칙 제43조 (개구부) 제44조 (안전대의 부착설비등) 제35조 (관리감독자의 유해·위험방지 업무)
2	비계 조립 작업 중 강관 등 자재가 떨어져 이동하는 근로자에게 맞음 위험	□☑□ 상 중 하	■ 비계설치 작업 중 비계 하부에 작업자 출입하지 못하도록 감시자 배치	'23. 3.15	'23. 3.15	박안전	규칙 제20조 (출입의 금지) 제32조 (보호구의 지급등)
3	비계 조립 작업 시 강관이 고압선에 접촉되어 감전 위험	□□☑ 상 중 하		-	-	-	규칙 제59조 (강관비계 조립 시의 준수사항) 제321조 (충전전로에서의 전기작업)
4	비계 벽이음 미설치 등으로 무너짐 위험	☑□□ 상 중 하	■ 벽이음 전용철물을 사용하여 5m 이내마다 수직·수평으로 벽체와 긴결	작업 중 계속		김반장	규칙 제59조 (강관비계 조립 시의 준수사항)
5	비계 작업발판 상부에 자재 과적으로 비계 무너짐 위험	□☑□ 상 중 하	■ 비계 기둥 간의 적재하중이 400k을 초과하지 않도록 하고, 표지판 부착 및 근로자 교육 실시	'23. 3.15	'23. 3.15	박안전	규칙 제60조 (강관비계의 구조) KOSHA GUIDE 강관비계 설치 및 사용안전 지침
⋮	⋮	⋮	⋮	⋮	⋮	⋮	

①관련근거: 파악된 유해·위험요인과 관련된 법령 및 기준을 기록하여 개선대책 수립 시 활용(선택적 사항)

자료: 고용노동부 2023 새로운 위험성 평가 안내서, 53쪽

라. 핵심요인 기술(One Point Sheet)법

핵심요인 기술법은 영국 산업안전보건청(HSE), 국제노동기구(ILO)에서 위험성 수준이 높지 않고, 유해·위험요인이 많지 않은 중·소규모 사업장의 위험성 평가를 위해 안내한 내용에 따른 방법이다. 단계적으로 핵심 질문에 답변하는 방법으로 간략하게 위험성 평가를 실시하는 방법이다. 전등교체·부품교체 등 유해·위험요인이 적고 간단한 작업에 대해서는 한 장으로 위험성 평가 내용을 기록할 수 있다.

예시 | 핵심요인 기술(One Point Sheet)법

■ 공정 또는 작업명: 물류이송작업　　■ 실시 일자: 2023.02.15　　■ 평가자: 정관리(관리감독자), 정작업(근로자)

①-1) 어떤 유해·위험요인이 있는가?	①-2) 유해·위험요인 파악 (위험한 상황과 결과)	②-1) 현재 시행 중인 조치는 무엇인가?	②-2) 추가적으로 필요한 조치는 무엇인가?	③누가 언제까지 조치하는가?			④관련근거 (선택사항)
				담당자	개선기간	완료일자	
정비중인 컨베이어	■ 정비 작업자가 설비를 정지하고 정비하던 중 불시가동된 컨베이어 회전체에 끼임	■ 정비작업 시 설비정지 ■ 근로자에게 작업절차 교육 실시	■ LOTO(Lock Out, Tag Out) 실시 ■ 관련 부서 간(또는 근로자 간) 정비일정 공유 절차 마련	김공무	'23. 02.28	'23. 02.25	규칙 제92조 (정비 등의 작업시 운전정지 등)
	■ 정비작업자가 컨베이어 정비 후 방호장치를 복구하지 않아 컨베이어 담당 근로자가 끼임	■ 작업 전 체크리스트 이용 안전점검 실시	■ 현재 조치 유지	–	–	–	규칙 제35조 (관리감독자의 유해·위험방지업무)
지게차 운전	■ 보행 중인 근로자가 화물을 싣고 가는 지게차와 충돌 ☆ '22년 아차사고 사례	■ 작업지휘자 및 유도자 배치 ■ 지게차 경광등, 경보장치 설치	■ 지게차 운행 구역과 근로자 작업장소, 이동동선 구획 ■ 반사경, 후방카메라 설치	박총무	'23. 04.12	'23. 04.11	규칙 제39조 제172조 제179조
	■ 여름철 옥외에서 지게차를 운전하는 근로자가 열사병에 걸림	■ 헤드가드 위에 가림막 설치	■ 케빈 및 에어컨이 구비된 지게차 렌탈	박총무	'23. 05.30	진행중	규칙 제556조
	■ 지게차가 배수로를 밟아 넘어지면서 탈출하던 운전자 또는 보행 중인 근로자가 지게차에 깔림	■ 작업지휘자 및 유도자 배치 ■ 운전자 안전벨트 착용 ■ 배수로에 그레이팅 설치	■ 현재 조치 유지	–	–	–	규칙 제171조 제183조

※ 체크리스트 각 항목의 작성방법
①-1) 어떤 유해·위험요인이 있는가? : 평가대상 내 유해·위험요인을 가지고 있는 작업, 설비 등을 도출
①-2) 누가 어떻게 피해를 입는가? : 파악한 각 유해·위험요인에 대해 피해를 입을 수 있는 근로자 및 피해 상황 파악
②-1) 현재 시행중인 조치는 무엇인가? : 현재의 안전보건조치를 파악하고 적절한지 검토
②-2) 추가적으로 필요한 조치는 무엇인가?(허용 가능한 위험성의 수준 참고)? : 제거, 대체, 추가적인 안전조치 순서대로 실행 가능한 대책 수립
③ 누가 언제까지 조치하는가? : 유해·위험요인의 특성, 소요예산, 사업장 여건을 고려하여 개선일정 계획과 조치 담당자 지정
④ 관련근거 : 파악된 유해·위험요인과 관련된 법령 및 기준을 기록하여 개선대책 수립 시 활용(선택적 사항)

자료: 고용노동부 2023 새로운 위험성 평가 안내서, 58쪽

7. 위험성 평가의 종류와 시기

위험성 평가의 종류와 각 평가별 시기는 아래 표의 내용과 같다.

〈표 18〉 위험성 평가의 종류와 시기

종류	시기
최초평가	- 사업이 성립된 날부터 1개월 이내 - 건설업의 경우 실착공일부터 1개월 이내, 1개월 미만의 기간이 걸리는 작업이나 공사를 실시하는 경우에는 작업 개시 이후 지체 없이 최초평가를 시행
정기평가	- 매년 전체 위험성 평가 결과의 적정성을 재검토하고, 필요 시 감소대책 시행 - 정기평가는 최초평가를 실시한 날부터 기산해 1년이 되는 날 이전에 실시해야 함. - 재검토 작업은 위험성 평가 결과에 빠진 유해·위험요인이 없는지 점검하고, 최초평가와 수시평가 때 결정된 유해·위험요인의 위험성 수준이 제대로 결정돼 있는지 확인하는 작업을 말한다.
수시평가	사업주는 다음과 같은 경우 수시 위험성 평가를 해야 한다. 1. 사업장 건설물의 설치·이전·변경 또는 해체 시 2. 기계·기구, 설비, 원재료 등의 신규 도입 또는 변경 시 3. 건설물, 기계·기구, 설비 등의 정비 또는 보수 시(주기적·반복적 작업으로서 이미 위험성 평가를 실시한 경우에는 제외) 4. 작업방법 또는 작업절차의 신규 도입 또는 변경 시 5. 중대산업사고 또는 산업재해 발생 시 6. 그 밖에 사업주가 필요하다고 판단한 경우
상시평가	- 상시평가는 유해·위험요인이 자주 변동해 일일이 수시평가를 실시하기 어려운 경우가 있어 도입한 제도다. - 월 1회 이상 제안제도, 아차사고 확인, 근로자가 참여하는 사업장 순회점검 등을 통해 위험성 평가를 실시하고, 매주 안전·보건관리자 논의 후 작업일마다 TBM을 실시하는 경우 수시·정기평가가 면제된다. ○ 월·주·일 단위 상시평가 체계 예시 **월·주·일 단위 상시평가 체계** 월(月): 위험성평가 [사업주·근로자] ① 사업장 순회점검 ② 상시적 제안제도 ③ 아차사고 확인 전반적 위험요인 공유 주(週): 공유·점검회의 [안전·보건담당자] 수급사업장 담당자 포함 유해·위험요인 논의 조치계획·결과 공유 공정·작업 위험요인 공유 일(日): TBM [관리감독자·근로자] 작업 일정별 유해·위험요인 주지 주의·준수사항 전달 현장 위험요인 공유

자료: 고용노동부 2023 새로운 위험성 평가 안내서, 67쪽

8. 위험성 평가 절차

위험성 평가 절차는 크게 사전 준비단계→유해·위험요인 파악→위험성 결정→위험성 감소 대책 수립 및 실행→위험성 평가 공유→기록 및 보존의 단계로 이뤄진다.

[그림 5] 위험성 평가 절차

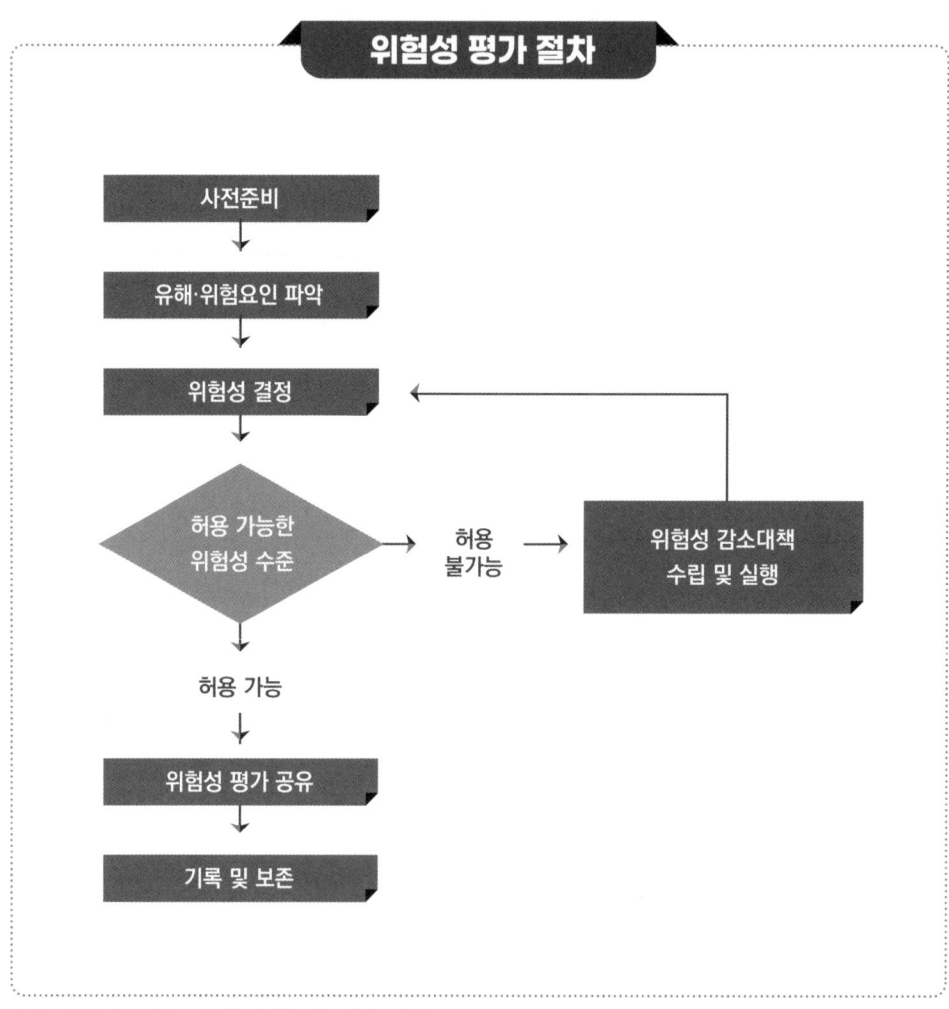

자료: 고용노동부 2023 새로운 위험성 평가 안내서, 91쪽

가. 사전준비(상시 근로자 5명 미만 사업장, 건설공사 1억원 미만 생략 가능)

위험성 평가 실시 규정을 작성하고, 위험성의 수준과 그 수준의 판단기준을 정하고, 위험성 평가에 필요한 각종 자료를 수집하는 단계다. 이 단계에서는 아래 표의 사항이 실행돼야 한다.

사전준비 단계 실행 사항

- 위험성 평가 실시규정의 작성
- 위험성 평가 실시 담당자에 대한 교육
- 위험성 수준과 그 판단기준 등의 설정
- 안전보건 정보에 대한 사전조사

나. 유해·위험요인의 파악

사업장 순회점검, 근로자들의 상시적인 제안 제도, 평상시 아차사고 발굴 등을 통해 사업장 내의 유해·위험요인을 빠짐없이 파악하는 단계다. 유해·위험요인을 파악하기 위한 구체적인 방법은 아래 표의 내용과 같다.

유해·위험요인 파악 방법

- 사업장 순회점검에 의한 방법
- 근로자들의 상시적 제안에 의한 방법
- 설문조사·인터뷰 등 청취조사에 의한 방법
- 물질안전보건자료, 작업환경측정결과, 특수건강진단결과 등 안전보건 자료에 의한 방법
- 안전보건 체크리스트에 의한 방법
- 그 밖에 사업장의 특성에 적합한 방법

다. 위험성 결정

사전준비 단계에서 미리 설정한 위험성의 판단 수준과 사업장에서 허용 가능한 위험성의 크기 등을 활용해 유해·위험요인의 위험성이 허용 가능한 수준인지를 판단하고 결정하는 단계다.

위험성을 결정하기 위해서는 사전준비 단계에서 마련해 둔 "위험성 수준의 판단기준"을 활용한다. 만일 상·중·하 3단계로 위험성을 구분하기로 했다면, 유해·위험요인별로 위험성을 상·중·하로 표시하면 된다. 빈도·강도법을 활용한 경우 빈도(가능성)와 강도(중대성)를 곱셈, 덧셈, 행렬 등의 방법으로 조합해 위험성의 크기(수준)을 산출해 보고, 이 위험성의 크기가 허용 가능한 수준인지 여부를 살펴보면 된다.

라. 위험성 감소대책 수립 및 실행

위험성을 결정한 결과 유해·위험요인의 위험 수준이 사업장에서 허용 가능한 수준을 넘은 경우 합리적으로 실천 가능한 범위에서 유해·위험요인의 위험성을 허용 가능한 낮은 수준으로 감소시키기 위한 대책을 수립하고 실행하는 단계다. 감소대책 수립 방법 및 순서는 아래 표와 같다.

감소대책 수립 방법 및 순서

1. 위험한 작업의 폐지·변경, 유해·위험물질 대체 등의 조치 또는 설계나 계획 단계에서 위험성을 제거 또는 저감하는 조치
2. 연동장치·환기장치 설치 등의 공학적 대책
3. 사업장 작업절차서 정비 등의 관리적 대책
4. 개인용 보호구의 사용

[그림 6] 감소대책의 순서 및 효과

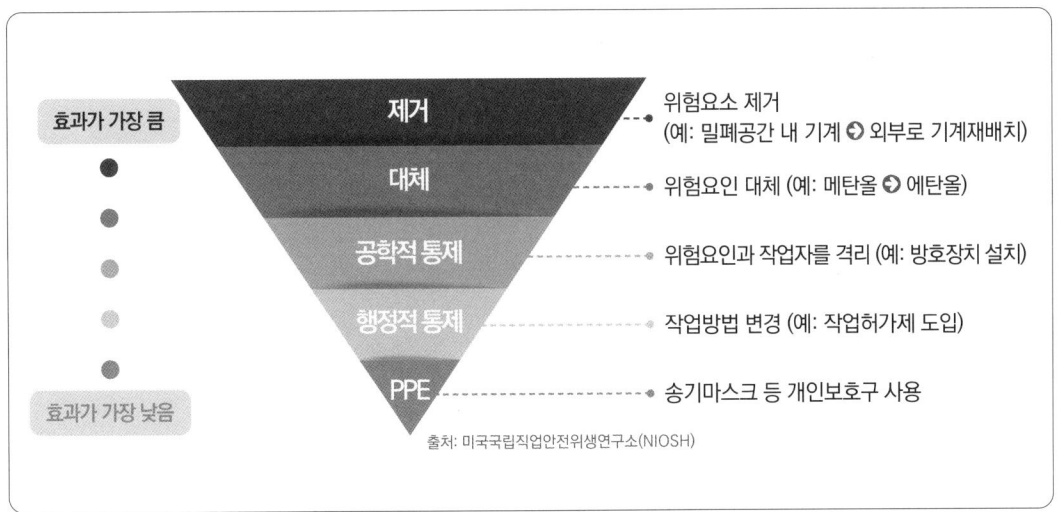

자료: 고용노동부 2023 새로운 위험성 평가 안내서, 112쪽

사업주는 위험성 감소대책을 실행한 후 해당 공정 또는 작업의 위험성의 수준이 사전에 자체 설정한 허용 가능한 위험성의 수준인지를 확인해야 한다. 또한 확인 결과 위험성이 자체 설정한 허용 가능한 위험성 수준으로 내려오지 않는 경우에는 허용 가능한 위험성 수준이 될 때까지 추가적인 감소대책을 수립·실행해야 한다.

중대재해, 중대산업사고 또는 심각한 질병이 발생할 우려가 있는 위험성으로서 수립한 위험성 감소대책 실행에 많은 시간이 필요한 경우에는 즉시 잠정적인 조치를 강구해야 한다.

마. 평가의 공유

사업주는 위험성 평가를 실시한 결과 중 아래 표의 사항을 근로자에게 게시·주지 등의 방법으로 알려야 한다. 그리고 위험성 평가 결과 중대재해로 이어질 수 있는 유해·위험요인은 근로자들이 보기 쉬운 곳에 게시하며 작업 전 안전점검회의(TBM: Tool Box Meeting) 등을 통해 근로자에게 상시적으로 주지시키도록 노력해야 한다.

위험성 평가 공유 사항

- 근로자가 종사하는 작업과 관련된 유해·위험요인
- 유해·위험요인의 위험성 결정 결과
- 유해·위험요인의 위험성 감소대책과 그 실행계획 및 실행 여부
- 위험성 감소대책에 따라 근로자가 준수하거나 주의해야 할 사항

바. 평가 실시 내용 및 결과의 기록 및 보존

파악한 유해·위험요인과 각 유해·위험요인별 위험성의 수준, 그 위험성의 수준을 결정한 방법, 그에 따른 조치사항 등을 기록하고 보존하는 단계다. 기록 및 보존해야 하는 사항은 아래 표의 내용과 같다.

위험성 평가 기록 및 보존 사항(3년간 보존)

- 위험성 평가 대상의 유해·위험요인
- 위험성 결정의 내용
- 위험성 결정에 따른 조치의 내용

위험성 평가 실시

자율점검항목	적정	부적정	비고
위험성 평가 실시규정은 있는가?	☐	☐	
위험성 평가 실시규정에 따라 주체별 업무는 분장돼 있는가?	☐	☐	
유해·위험요인은 충분히 발굴됐는가?	☐	☐	
허용 가능한 위험성 수준에 따라 위험성 결정은 실시했는가?	☐	☐	
위험성 감소대책을 수립한 경우 실제 현장에서 실행되고 있는지 확인하고 있는가?	☐	☐	
위험성 평가 전 과정에 근로자는 참여하고 있는가?	☐	☐	
도급 시 도급인 사업주 및 수급인 사업자 각각 위험성 평가를 실시했는가?	☐	☐	
수급인 사업주가 실시한 위험성 평가에 대해 지원 및 감독은 하고 있는가?	☐	☐	
위험성 평가 담당자에 대한 교육은 실시했는가?	☐	☐	
위험성 평가는 최초-정기-수시-상시 등 그 목적 및 실시 시기에 맞게 시행되고 있는가?	☐	☐	
위험성 평가 결과는 기록되고 관련 내용은 근로자들과 충분히 공유하고 있는가?	☐	☐	
제안제도 등을 통해 근로자 및 협력업체 종사자가 유해·위험요인을 신고하는 제도는 마련돼 있는가?	☐	☐	

노사가 함께 보는
중대재해처벌법

초판 1쇄 인쇄 2023년 11월 15일

엮은이 유성규·한창현·손익찬
펴낸이 한계희
펴낸곳 ㈜매일노동뉴스
디자인 김선영·김효정

등록 제2008-62호
주소 서울시 마포구 동교로16길 15, 3층(서교동, 동호빌딩)
전화 02-364-6900
팩스 02-364-6901
홈페이지 www.labortoday.co.kr
이메일 book@labortoday.co.kr

ISBN 978-89-97205-58-5
값 30,000원

이 책의 판권은 ㈜매일노동뉴스에 있습니다.
내용의 일부와 전부를 무단 게재하거나 복제하는 것을 금합니다.